池上彰の講義の時間

高校生からわかる「資本論」

池上　彰

集英社文庫

目次

CONTENTS

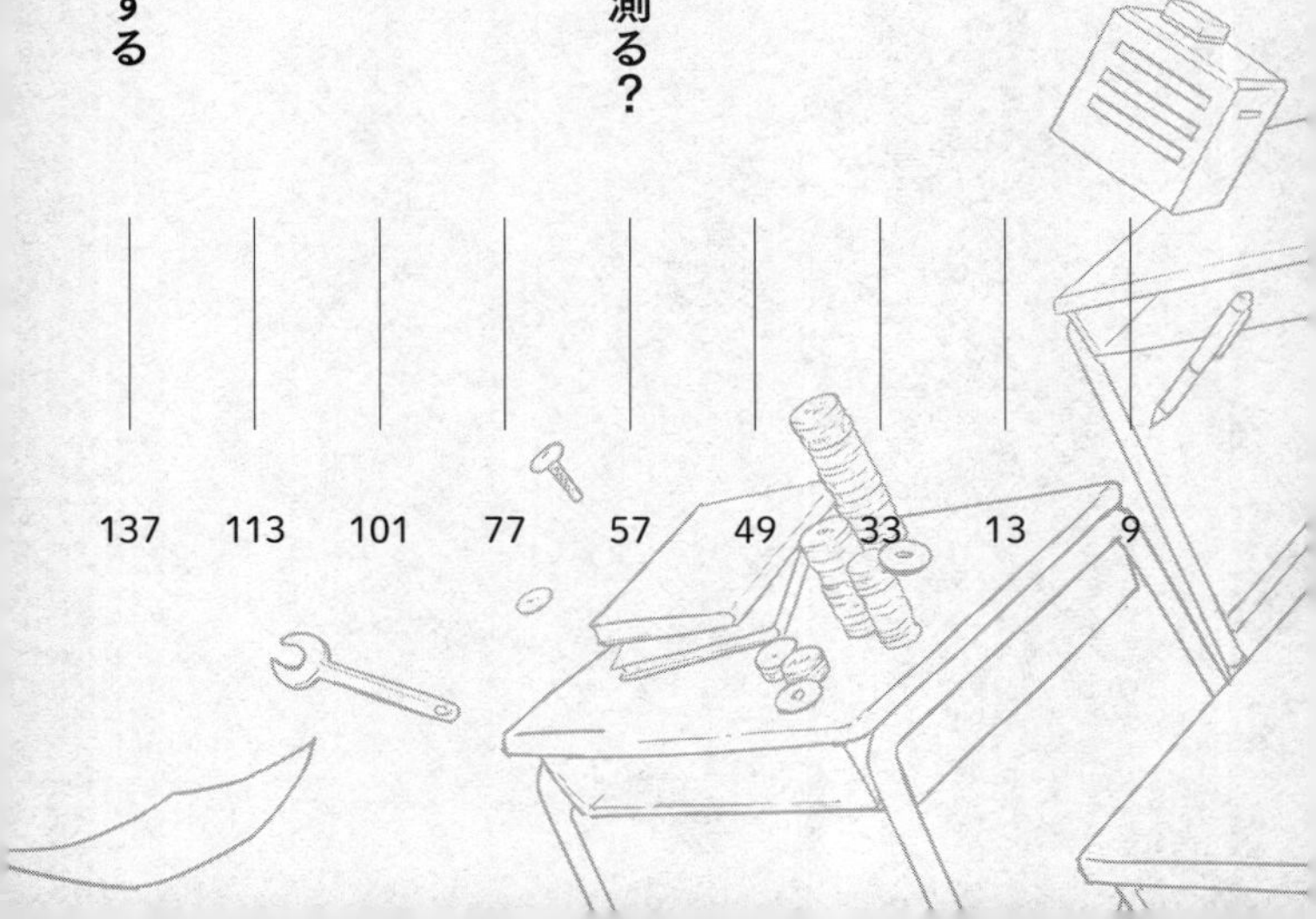

池上彰の講義の時間

高校生からわかる「資本論」

はじめに～『資本論』の再評価

「格差社会」という言葉がすっかり定着してしまいました。「非正規労働」という言葉もよく聞かれます。子育てや教育費にお金がかかって、子どもの数が減ってしまったというニュースも出ています。日本は、昔に比べれば豊かになったはずなのに、どうもおかしい。本当の豊かさを感じられない。こんな人も増えています。

少しでも豊かな暮らしをしたいと残業を続けているうちに過労死してしまう人も出て、政府が「働き方改革」と言い出しました。なんだかおかしい。これが資本主義というものだろうか。資本主義は豊かさをもたらした一方で、非人間的な社会もまた生み出しているのではないか。

こんな思いを持つ人が増えた結果、一五〇年前に出版されたカール・マルクスの『資本論』が見直されるようになっています。

『資本論』で取り上げられている経済は、出版当時のヨーロッパです。マルクスはドイツやフランス、イギリスなどを転々とした結果、当時のヨーロッパ経済をよく知るようになり、自分が観察した経済現象が、なぜ起きているのかを理論的に解明しようと考え、その努力が『資本論』として結実しました。

あれから一五〇年が経《た》ちましたが、マルクスの『資本論』は、時代の制約があるとはいえ、資本主義の本質を暴き出しています。ヨーロッパでも『資本論』の再評価が始まっています。

私たちが人生の悩みを抱えたとき、いわゆる古典と呼ばれる書物は、私たちにさまざまな示唆を与えてくれます。シェークスピアにしろ、トーマス・マンにしろ、バルザックにしろ、ドストエフスキーにしろ、そこで描かれた人々の苦悩や喜び、悲しみは、いまの時代においても普遍的な本質を示してくれます。

『資本論』もまた、経済学の古典として、資本主義がどのようなメカニズムで動いているのか、その普遍的な本質を解明した結果、私たちの社会に対する認識を高めてくれます。さらに、私たちの社会がどのようになればいいのかという点でも大きな示唆を与えました。

その一方で、マルクスの考え方に触発されて起きたロシア革命や中国革命は、人々を幸せにしたとは言えません。世界に社会主義国と呼ばれる国は多数誕生しましたが、やがて多くが崩壊。資本主義の道を歩むようになりました。現実に誕生した社会主義国の多くは、非人間的な社会をつくり出しました。

その原因は、マルクスの思想にあったのか、それとも自己流に応用しようとしたレーニンやスターリン、毛沢東にあったのか。

マルクスは、『資本論』において、資本主義社会の非人間的な性質を描きました。しかし、資本主義に代わる経済のシステムや社会のあり方については、十分語っていないのです。その結果、レーニンや毛沢東のような思想が生まれました。北朝鮮ではマルクスの本は禁書扱いです。国民がマルクスの本を読むと、自国がいかにいびつな国家であるかを知ってしまうからです。

しかし私たちは、古典となった『資本論』の論理をたどることで、まずはいまの社会を知ることができます。その上で、どうすればいいか考えることができるはずです。

『資本論』は、第三巻まであります。ただし、マルクス本人が出版したのは第一巻だけです。二巻、三巻に関しては、下書きまで書いてあったのですが、完成させることなく亡くなりました。

そこで、マルクスの親友で、マルクスの研究を支援してきたフリードリッヒ・エンゲルスが、「マルクスならこう書いたに違いない」と考えて書き加え、マルクスの死後に出版しました。マルクスの思想全体を把握するためには全部を読むことが望ましいのですが、第一巻にマルクスの経済理論が凝縮されていますので、ここでは第一巻だけを読んでいきます。

マルクスが書いた部分はゴシック体で表記し、その内容を私が噛《か》み砕いていきます。『資本論』を初めて読む人には驚くような文章が続きます。マルクス主義を信奉する人たちの多くが、実は『資本論』を読んだことがないと言われる理由が、わかるはずです。でも、本書の題名の通り、「高校生からわかる」ように解説していきますので、どうぞお付き合いください。

二〇一九年三月

ジャーナリスト　池上　彰

第1講

『資本論』が見直された

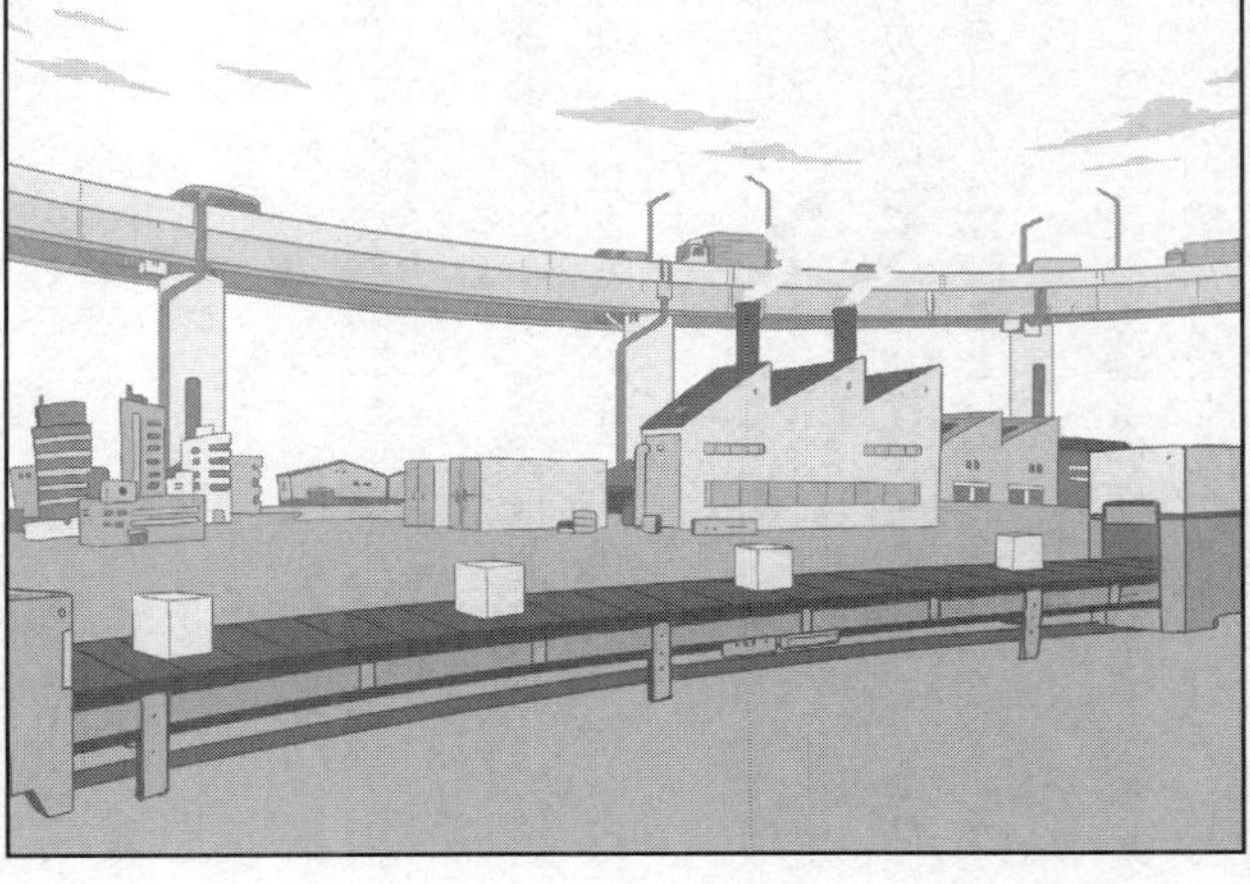

派遣切りと年越し派遣村

まず『資本論』に入る前に、いまの世の中が、どうしてこんなことになってしまったのか、ということを考えてみましょう。

二〇〇八年秋以降、派遣切りのニュースが出るようになりました。日本は、かつては、アメリカと違って、簡単に社員の首を切るようなことはありませんでした。いったん会社に入ると身分が保障されていたところが多かったのです。

会社に就職すると、労働組合という、みんなで団結して働く人たちを守ろうという組織がありました。勝手に組合員を辞めさせるなんてことはできないようにしよう、みんなで団結してそんなことはさせないぞ、という力が働いていたわけです。だから、会社の経営が苦しくなってきても、簡単に社員の首を切るなんてことはできない。こういう状態がずっと続いてきました。

ところが近年、アメリカ型のやり方に変わってきて、派遣労働というのが出てきました。この派遣労働というのは、日本ではもともとは専門職だけでした。たとえばコンピ

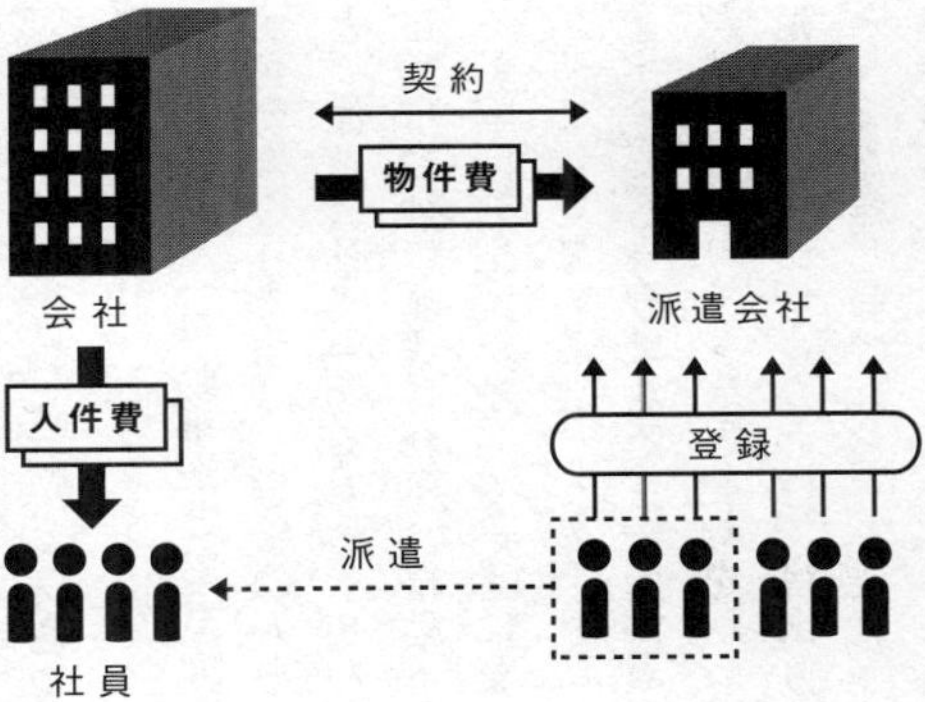

ューターのプログラマーのような仕事に限られていました。

銀行だとATM（現金自動預け払い機）がありますね。ATMでお金が引き出せるコンピューターのシステム、そういうのをつくる専門家は会社の中にいなかったりするわけですね。そういうときに専門家の人に来てもらって、システムをつくってもらう。それが終わったら、ありがとうございました、で終わり。そういうのが派遣労働です。最初は専門家だけでした。

だけどそのうちに、もっと多様な働き方をする人がいてもいいじゃないか、ということになって、工場で働く労働者も派遣という形を認めようという話になりました。そうなると、工場で働く人は、会社が個人と直接契約しないで済むわけです。

会社としては、社員を直接雇うのではなく、派遣会社という会社と契約を結ぶ形になります。働く人は、派遣会社の社員になったり、派遣会社に登録したりする。つまり、「仕事があるときだけ働いてください」ということです。「自分が働きたいときだけ働ける。とても自由でいいことじゃないか」という理屈で、派遣労働が広がりました。

たとえば、「自動車がとても売れそうだから生産計画を拡大します。当分一〇〇〇人が必要になります。一〇〇〇人を一年間派遣してください」と頼むわけです。そうすると、派遣会社で「働く人いませんか？」と、登録している人に声をかける。応募すると、自動車会社に派遣される。自動車会社に就職して働いている正社員の人たちと同じところで、同じ生産ラインで一緒になって働くのです。派遣労働者でも、一年も二年も同じ場所で働いていると、その会社に入ってきた新入社員よりベテランになっていたりもします。でも身分はあくまで派遣。自動車会社としては、「車が売れなくなりましたので、契約打ち切りです」と契約を切ってしまうことができます。自動車会社としては別に派遣社員の首を切ったわけではありません。社員をクビにする、辞めさせるということはとっても難しいけれど、そうじゃない。「この会社との契約を解除しただけですよ」という形をとります。

派遣会社としては、「仕事がなくなってしまいました。みなさん今回の仕事はこれでおしまいです」と言えばいいということです。こうしたことが、二〇〇八年から起きてきました。「派遣されている間は会社が用意したアパートに暮らせますよ。でも契約が解除されたんですから出てください」という話になりました。

契約が解除されたことによって、仕事がなくなって収入がなくなると同時に、住む場所も失ってしまうということが起きてしまったのです。

これではモノ扱いだよね。正社員に給料を払うのは人件費。当たり前だね。ところが派遣労働者の場合は、物件費といって、文房具代と同じ扱いなの。鉛筆とかボールペンとかコピー用紙とか、そういうものを頼むのと同じ。人間の扱いじゃないわけ。単に働く力、労働力という、モノを買うだけ、という仕組みにしかすぎなかったということだよね。「はい、あなたの仕事、終わったら出て行きなさいよ」って、突然寒空の下に大勢の人たちが放り出された。この人たちが住む場所も失って二〇〇八年の暮れ、東京の日比谷公園にできた年越し派遣村にやってきたのです。年越し派遣村とは、年末に派遣の仕事を打ち切られ、住む場所も失った人たちが年を越せるようにとボランティアの人たちが準備したテント村です。

東西冷戦で資本主義も変貌した——福祉国家建設

このように、このところ、日本でも働く人たちの権利がすっかり失われ、まるでモノみたいに扱われている、という現実を見て、「これって、一五〇年前にマルクスが『資本論』で『働く人たちは単なるモノ扱いだ』って書いていたのと同じことがまた起きちゃったんじゃないのか」と見直されるようになったのね。

では、どうしてこんなことになってしまったのか。少し歴史をさかのぼってみましょう。あなたは、「東西冷戦」という言葉を聞いたことがありますか?

アメリカにしても日本にしても資本主義といわれています。一方、かつて社会主義の国がありました。ソ連や東ドイツ、ポーランド、ハンガリーという国々です。

主義というのは、ある考え方ということ。資本主義って、よく考えてみると実はおかしな言葉です。私たちは資本主義社会に住んでいます。だからといって資本主義というイデオロギー、何か特別な思想・考え方を持っているわけではないんだけれど、社会主義に対抗して、私たちが暮らしている社会の仕組みを資本主義と呼んでいます。

マルクスの『資本論 第一巻』を読むと、実は資本主義という言葉を使っていません。資本制社会という言い方をしています。それは後ほど説明をしますが、第二次世界大戦後、資本主義の国と社会主義の国が対立してきました。これを東西冷戦といいます。「東」が社会主義国、「西」が資本主義国です。

たとえばソ連やチェコスロバキア(現在はチェコとスロバキアに分離)、ポーランドなどの国々は、共産党という政党が支配政党でした。共産党は、マルクスが書いた『資本論』を読んで「これは正しい理論だな」と考えた人たちがつくった政党です。「資本主義はいけないんだ。資本家たちをなくしてしまおう」という運動をしていました。そういう運動をしている共産党がソ連などの社会主義国をつくった。ソ連という国をつくった指導者はレーニンという人で、マルクスの『資本論』などを読んで「マルクス主義の考え方をもとにして、世の中をすっかり変えてしまおう。労働者が中心の世界にしてしまおう」と考えました。

これが本当に理想の社会主義だったかどうかはともかくとして、建前としては、「マルクス主義にもとづいた理想の社会をつくるんだ」と言っていました。

それに対して、たとえばアメリカやイギリス、フランス、西ドイツ、日本、こういう国々の政治家や経済界の人たちは、恐怖感を覚えました。「資本家は要らないんだ。殺されるかもしれない。明日はわが身かもしれない」、「自分たちの世界がひっくり返されてしまう。そんなことになったら大変だ」というふうに考えました。「そうならないようにするには、どうしたらいいだろうか」と考えたんです。

マルクスの考え方だと、資本主義が発展すればするほど労働者の労働条件は悪くなっていって、労働者が人間として扱われない。まるでモノみたいに扱われることに耐えられなくなってくる。そうなると、労働者の不満が高まって、労働者がこの社会を変えようという動きが高まり、やがて革命が起きる。これがマルクス主義の理論でした。

そこで、資本主義国の政治家や資本家、いわゆる大企業の経営者は、労働者の労働条件を悪くしなければ、労働者の反乱は抑えられると考えました。

労働者をモノみたいに扱ってこき使い、労働条件をひどい状態にすると、労働者が不満を持って共産党の勢力が伸びて革命を起こされ、自分たちは追放されてしまうかもしれない。ソ連や中国、こういうところで革命が起きたときに、それまでの資本家や大金持ち、地主たちが大勢処刑されたことがあったものだから、「もし革命が起きたら、自分たちがそんなことになるかもしれない。そんなことが絶対起きないようにしよう」と考えました。「労働者を人間扱いしないから革命が起きるんだ。労働者の権利を認め、労働条件をよくすれば、革命が起きないんじゃないか」と考えたわけね。

もともとマルクスが『資本論』を書いた時代、資本主義の世の中って労働者はモノ扱いされていました。でも、社会主義国ができたことによって、とりわけヨーロッパの資本主義の国々は、対抗して社会福祉に力を入れるようになりました。

特にイギリスは、「ゆりかごから墓場まで」というほど、生まれたときから死ぬまで人々が安心して暮らせるような制度を整備しました。たとえば健康保険制度を充実させて病気になったらわずかなお金を払うだけでいつでも病院にかかれるようにしました。そうなるとたとえ貧しい人だって治療してもらうことができるよね。あるいは、五〇歳や六〇歳で会社を定年退職した後でも生活できるように、年金制度というものをつくりましょう。そうなると、年を取ってからも安心して暮らせるようになるよね。こういうものを充実させる。

あるいは労働時間を制限して、「原則として一日八時間以上働かせてはいけない。それ以上働かせるときには割り増しの賃金を払いましょう」とか、そういうさまざまな労働者の権利を守る仕組みが次第にできていった。

そうなると、「無理に社会主義革命なんか起こさなくたって、資本主義のままでも結構いいじゃないか」ということになって、西側の資本主義の国々では、社会主義革命というのは起きないできたんです。

社会主義が失敗して資本主義は勝ち誇った

ところが、そのうちに社会主義国がうまくいかなくなってしまったのね。どうしてうまくいかなくなったのかというのは、あらためて考えますが、簡単にいえば、資本主義のような自由勝手な商売はさせないようにしようというのが社会主義の考え方です。どういう品物をどれだけつくるかということはすべて国が決めましょう、すべて国がやりましょう、会社はすべて国のもの、国営企業となりました。

ということは、会社が倒産することはないわけだよね。就職したら会社が倒産することはない。みんな安心するわけ。みんなは平等です。ということは、給料がみんな同じ。逆にいうと働いても働かなくても給料は同じ。どうせ給料が同じなら働かないほうが、サボっていたほうがずっといいよね、という人たちが出てきて、経済があんまり発展しなくなるわけです。

たとえば日本では、さまざまな商品が売りに出されています。みんなが、「これいいな」と思うものを買うよね。流行遅れのものは買わないでしょう？　だからそういうものは消えていく。つまり、売れないものをつくっている会社はつぶれていってしまいます。

ところが社会主義の国は、どの商品をどれだけつくるかは、すべて国が計画で決めました。そうすると、「今年は女性たちにはこういう服をつくればいい」って偉い人が机の上で考えて計画を立てるわけ。そうすると、店頭には実用本位の商品ばかりが並んでしまったりします。

たとえばソ連だと冬は寒いよね。女性用にはブーツをつくればいいんだけれど、偉い男性の役人たちが、「ゴム長靴をつくろう」と考えてしまいます。ブーツという発想がないわけだよね。その結果、「こんなの恥ずかしくて履けないわ」というものばかりがお店に並ぶ。誰も買わないから店に売れないものが山積みされる。

一方、ちょっとおしゃれなものが出ると、みんなが行列をつくって、あっという間になくなってしまう。どうもいろんなことがうまくいかなくなっちゃったんだよね。だんだん経済の力が弱まっていく。そうなると不満を持つ人もいるでしょう？不満を持つ人は共産党が弾圧をしたり、不満を言うとすぐ捕まってしまったりということが続きましたが、そのため一層不満が高まり、とうとう一九九〇年前後に、社会主義の国が次々に崩壊していってしまった。

ソ連という国はバラバラになり、一番大きな国はロシアになった。東ドイツという国は、西ドイツに吸収合併されて統一ドイツになった。ほとんどの国が資本主義の国になってしまったんです。中国は、まだ「社会主義国だ」と主張しているけれど、その実態は、日本よりも、もっとむき出しの資本主義と言えるかもしれない。社会主義の特徴は共産党が独裁している点しか残っていない。

社会主義諸国が次々に崩壊していく過程を見て、資本主義の国々は、「あっ、勝った」と思ったわけね。資本主義対社会主義の競争は、資本主義が勝ったと思ったわけ。

そのときにアメリカで『歴史の終わり』という本が出ました。フランシス・フクヤマという日系アメリカ人が書いた本で、資本主義か社会主義か、あるいは自由主義か反自由主義かという戦いの歴史は終わった。資本主義が勝ったんだから今度こそ民主主義の世の中がずっと続いていく、という主張でした。

みんな、「社会主義がつぶれたことによって資本主義が勝った、勝った」というふうに思ってしまったんです。いまになってみると、これは資本主義が勝ったんじゃないんだね。社会主義といっていた国々が、勝手にこけちゃったにすぎないんだ。勝手にこけてしまったのを見て、資本主義の国が、「自分たちが勝った」と思い込んじゃったの。思い上がってしまった。ここから資本主義の国もおかしくなり始めます。その結果、「資本主義はなぜ社会主義に勝ったのか」とみんな考えたわけ。その結果、「資本主義は、市場の力を生かすことができたからだ」と考えたんだね。

社会主義の国だとデザインの悪い品物が一杯あったでしょう? 売れないよね。つまり「市場、マーケットをちゃんと見なかったから、市場を軽視したからこんなことになったんだ」と考えたんです。資本主義経済では、売る人と買う人がいて、「欲しい」という人と、「じゃあ、売ります」という人、需要と供給によっていろんなものが決まっていきます。商品の値段は「欲しい」という人が多くなれば値段が高くなるし、「欲しい」という人は少ないのにたくさん商品が出てきたら値段は下がるよね。需要と供給でモノの値段は決まるし、安くておしゃれな服が出てきたら、たくさん売れます。そういう商品を生産している会社は、どんどん発展していく。

一方、そういう商品がつくれない会社はつぶれていく。そういう激しい競争をすることによって経済というのは発展していく。社会主義の国はこれがうまくいかなかったからつぶれてしまったんだ。資本主義の国はこれがうまくいっていたから勝ったんだ。だからこのままもっとやっていけばいいんだ、と多くの人が考えたんだね。

そこから、すべては市場、マーケットに任せましょう。全部ここに任せればいいじゃないか、という新自由主義の考え方が広がりました。

資本主義が先祖返りした──新自由主義

自由というのは、基本的にいいことです。ただし、この場合の新自由主義というのは、「商品をどれだけつくっても自由ですよ。市場で売れなかったらその会社がつぶれるだけですよ。つぶれるのは自己責任。つぶれるのも自由ですよ」という意味なんだよね。

この「市場」というのは、働く人についても同じことなんです。労働市場です。「就職したいな」という人がいて、「採用したいな」という会社があります。その会社がどれだけの人を採用するかは会社が自由に決めること。「大勢採用したいよ」という会社はいくらでも採用すればいいし、そうでなければ採用する必要はない。

すべてのことを自由にしようということは、採用した人を、会社の経営が苦しくなったから辞めさせるのも自由ということです。「失業する自由」という言い方があります。就職が自由にできるだけでなく、失業してしまう自由もありますよ、すべて自由ですよ、ということです。

市場の力を生かしたことによって、資本主義は社会主義に勝ったんだから、このやり方を徹底すれば、経済はさらに発展するんじゃないか、と考えたのです。「市場原理主義」ともいいます。その結果、社会主義の国々が姿を消した後、アメリカ流の新自由主義という考え方がどんどん世界中に広まりました。

ところが、金融不安が広がりました。マルクスが書いていた頃の時代には、恐慌というのがひっきりなしに起きていた。東西冷戦時代で社会主義にならないようにと資本主義の国々が労働者の権利を守り、経済がひどい状態にならないようにといろんな仕組みをつくったことによって、恐慌というのは起きなくなっていたのに、新自由主義によって、すべてを自由にした途端に、再び恐慌が起きるようになってしまったのではないか、ということなのです。

『資本論』が再び脚光を浴びる

以前は労働者って簡単に首を切ることなんかできなかったはずなのに、どんどん首を切られてしまう。「失業するのはどうぞ自由です」という形になってしまった。いまになってみたら、「資本主義が勝った、勝った。資本主義のやり方でいいんだ」と言っているうちに、かつてマルクスが『資本論』で書いていた当時の資本主義の状態に戻ってしまったんじゃないか。

マルクスの『資本論』をあらためて読み直すと、「一五〇年前のことを書いたのに、まるでいまのことを言っているようだ」ということが出てきます。社会主義が勝手に崩壊してしまったのを、資本主義が勝ったんだというふうに驕《おご》り高ぶって、昔の資本主義に先祖返りしてしまって、結局マルクスが書いていた頃の『資本論』の時代に戻ってしまったんじゃないかな、ということなんです。

そこでいま、資本主義というのはどういうものかを知るためには、『資本論』を読み直すことが必要なんじゃないかな、ということです。

日本の指導層はマルクスを学んでいた

ところで、日本には日本独特の特徴がありました。世界の資本主義の国の中では非常に珍しいんだけれど、マルクス経済学の学者が非常に多かったんです。

戦前、第二次世界大戦前に日本でも社会主義を主張したり、戦争に反対したりした人たちもいたわけだよね。でも、日本は日中戦争や太平洋戦争など戦争の道へ進んでいってしまった。アジア諸国を侵略して、結局戦争で負けました。

そのときに多くの日本人がいろいろ反省したわけだよね。「何でこんな戦争をしちゃったんだろうか。戦争なんかすべきでなかった」ということになったら、実は戦争中、あるいは戦争の前から戦争に反対した人たちがいたことに気づいた。その人たちは、たとえば日本共産党や、日本共産党以外でもマルクス主義という考え方を持っている人たちだった。

『資本論』などのマルクス経済学を勉強していた学者の人たちがいて、この人たちがみんな弾圧されて刑務所に入れられていたんだよね、戦争中は。戦争が終わってその人たちが出てきました。みんなが「戦争、万歳」と言っている時代にも、「戦争はいけない」と言っていた人たちがいたんだって、戦後多くの人がこの人たちを見直したのね。

そして、マルクス経済学を研究している人たちが全国の大学の経済学部の主流になった。マルクス経済学を教えるようになったんですね。

たとえば東京大学の経済学部でも多くの教授がマルクス経済学を教えていたのね。そこで日本の官僚たち、あるいは日本の大企業のトップたちは学生時代、みんなマルクス経済学を学んだものです。資本主義というのは、自由勝手にやっておくと労働者の権利が失われて、労働者が貧しい状態になる。革命が起きるんだよ、ということをみんな学んだわけ。だから戦後日本の霞が関の中央省庁の役人たち、あるいは政治家たち、それから大企業に就職してやがて社長になった人たちの頭の中に、マルクス経済学的な発想が入り込んでいたのです。

そこで、「労働者をあまりにこき使ってはいけないよ」とか、「労働者の権利はなるべく守ってあげよう」とか、あるいは「企業に勝手放題させちゃいけないから、国がコントロールしよう」とか、そういう考え方の人たちが多かったんです。

よく日本のことを、世界で唯一成功した社会主義、なんていう言い方をすることがあります。日本はみんな一生懸命働く。終身雇用制という言い方があったでしょう？　一度就職すると生涯、定年退職するまでずっとその会社にいられる。辞めることはできるけれど、クビにされることはないから安心してその会社で働くことができる。そうなると、その会社に対する愛社精神というのも出てくるよね。「その会社のためにがんばろう」という気になる。

企業活動は国によってコントロールされ、規制がたくさんあった。企業同士の競争はもちろんあったけれど、弱肉強食のようなどぎつい競争は少なく、「みんな仲良く」という、談合的な体質の経済になっていた。

こんな形の社会になったのは、日本のいわゆる指導層たちが学生時代にマルクス経済学を学んでいたからだったと、こういうふうにもいわれているんですね。

私が大学の経済学部に入学したのは一九六九年。当時の全国の大学の経済学部は、マルクス経済学とそれ以外のアメリカ流の経済学（当時は「近代経済学」という呼び方がされていました）を教える先生の数が、ほぼ同じか、マルクス経済学を教える先生のほうが少し多いくらいの状態でした。

社会主義の国がつぶれてしまったら、「マルクス経済学はやはり間違いだったんじゃないか」ということになって、いま全国の大学でマルクス経済学をちゃんと教えている学部は、ほとんどありません。経済学といえば数学を使った理論というふうにすっかりなってしまったのね。だけど戦後しばらくの間は、日本中みんなマルクス経済学を教えていたんです。

学問の世界に新自由主義

戦後経済が次第に豊かになってくると、高校生あるいは大学生でもアメリカに留学できるようになってきます。私が高校生の頃は一ドルが三六〇円の時代です。アメリカに留学するなんて、手の届かないことでした。海外旅行も夢のまた夢でした。私は学生時代、「一生の間に一度でもどこか海外旅行ができるとうれしいな」と思っていたくらいです。当時の日本はそもそも国にお金がなかったから、外貨持ち出し規制があって、海外に行くときは一人につき年間五〇〇ドルしか持ち出すことができなかったんです。一年間で五〇〇ドルですよ。何も買えないわけ。ひたすら貧しい生活です。

ところがやがて一ドルが二〇〇円になり、一〇〇円ぐらいになってきます。海外旅行なんてごく普通だし、海外に留学することも容易になってきました。日本の経済学者もどんどんアメリカに留学するようになってくる。アメリカの経済学理論を学ぶようになります。当時のアメリカの経済学理論というのは、新自由主義の考え方が強い影響力を持ち始めていました。「市場、マーケットこそが大事なんだ。国が経済に口を出しちゃいけない。マーケットに任せていけば世の中すべてうまくいく」という考え方、それを勉強した人たちが日本に帰ってきて、アメリカ流の経済学を教える先生が増えていきました。学問の世界に新自由主義が広がったのです。

マルクス経済学とは異なる考え方、「アメリカの新自由主義こそが正しいんだ」という経済学を学んだ人が役所にどんどん入ってくるようになり、厚生労働省にも財務省にも大勢入ってくるわけだよね。そうすると何でも自由にしたほうがいい、派遣労働だって認めたっていいじゃないか、という考えがだんだん主流になってくる。大企業の経営層にも、新自由主義の考え方が広がり、派遣労働の自由化を推進したりします。

その結果、日本でも、かつては「世界で唯一成功した社会主義」と呼ばれたような規制がどんどんなくなっていきました。もちろん不必要な規制もこれまで随分あったのだけれど、その一方で、実は労働者の権利を守るために必要な規制というのもいろいろあったんだよね。そういう規制がどんどんなくなっていって、ふと気がついたら、「あれ？　まるでマルクスの頃の資本主義経済に戻っていたのではないか」ということになっていたのです。

受け止め方はあなた次第

この本では、マルクスの『資本論』を読んでいきますが、その結果どう考えるかは、あなた次第です。

『資本論』を学んだ上で、「だから社会主義がすばらしい」と思う人は社会主義運動を見直してみてもいいでしょう。

その一方で、ソ連などの社会主義の国々は決してうまくはいかなかったという歴史的な現実もあります。そこで、資本主義の市場経済を大事にしながら、資本主義の欠陥を修正していく、という考え方もあるでしょう。「資本主義の悪いところを直していけば資本主義経済でもいいじゃないか」という考え方もあるのです。

これから『資本論』を学びますが、まずは資本主義にはどこに問題があるのかということを知ってください。

その上で、だから資本主義を全面的に否定するのか、資本主義を修正していけばいいのか、それはあなたが考えること。私が押しつけることではありません、ということです。

第2講

マルクスとその時代

ユダヤ人家庭に生まれたマルクス

ここでは、カール・マルクスという人物について説明します。一八一八年五月五日生まれです。「こどもの日」に生まれているのですね。まだドイツが統一される前のプロイセン、いまのドイツ西部に当たりますね。ここのユダヤ人家庭に生まれます。母親はユダヤ人でした。カールが生まれた後、キリスト教に改宗するのですが、「ユダヤ人の母親から生まれた子はユダヤ人」という定義があるので、カールもユダヤ人として生まれたのです。ユダヤ人とは「ユダヤ教徒」のことです。親がユダヤ教からキリスト教に改宗しているということは、いろいろ信仰で悩んでいたはずです。旧約聖書や新約聖書もしっかり読んだはずです。つまりカールという人も、子どもの頃から聖書に親しんでいたはずです。『資本論』を読んでいくと、聖書を読んでいたからこそ出てくる論理が見え隠れしています。

旧約聖書や新約聖書を読んでいないとなかなかわかりにくいというところも出てくるんですけれど、『資本論』は、もともとヨーロッパで生まれた本。ヨーロッパというのはキリスト教社会。読者はみんなキリスト教徒、あるいはユダヤ教徒であることを前提に書かれています。その分日本人である私たちには、少しわかりづらいところがあるかも知れません。

マルクスのお父さんは弁護士でした。結構豊かな家に生まれたんですね。裕福だったものだから、大学進学率が高くない時代に、ボン大学の法学部に進学します。そこからさらにベルリン大学の法学部に移ります。法学部にいたのに弁護士にならず、哲学にはまってしまって、ヘーゲル哲学を学び、哲学の博士号を取ります。

新聞記者になったマルクス

その後、就職しようとするのだけれど、この人は非常に気むずかしくて他人との協調性がまったくないの。すぐ他人を批判するんだよね。そんな性格なものだから就職がなかなかうまくいかなくて、ケルンの『ライン新聞』という新聞の記者になります。新聞記者って、性格が悪いのが多いんだよ。大体他人とうまくいかない。私もずっと記者でしたから、その点は自信を持って言えますね。

それはともかく、新聞記者として、物事を分析する力が強かったり、文章力が優れていたりしたものですから、とうとう『ライン新聞』の実質上の編集長にまでなってしまいます。

そして、当時の世の中のことに対していろいろな批判をするわけね。プロイセンの政府も批判します。当時は言論の自由や民主主義なんていうのはなかったものですから、プロイセンの政府が怒って新聞を発行禁止にしてしまいます。『ライン新聞』は発行禁止になってしまう。

本人は仕事がなくなってしまい、今度はパリに移ります。一八四三年のことです。パリに移って『独仏年誌』という雑誌の共同編集者になるのですが、ここでまたプロイセン政府を批判するのね。今度はプロイセン政府が怒ってフランス政府に対して「あいつを追放してくれ」と頼むんです。プロイセン政府に頼まれ、フランス政府はマルクスをパリから追放します。

エンゲルスに助けられた

マルクスの親友はエンゲルスという人です。エンゲルスは実は工場の経営者で資本家だったのね。マルクスが批判することになる資本家だった。資本家で、お金があるものですから、マルクスが就職できないまま経済学の研究を始めて生活費に困ると、援助するんです。

パリから追放されたマルクスは、今度はベルギーのブリュッセルに移るんだけれども、ここでまた追放されてパリに戻る。やがてケルンで『新ライン新聞』を発行するのですが、一八四九年にパリに移り、また追放されて、とうとうこの年、ロンドンに移ります。一八八三年三月一四日に六四歳で死ぬまでロンドンにいるんですね。ロンドンに大英図書館という巨大な図書館があります。誰でも入れます。マルクスは、ここに毎日通い、図書館にある本を片っ端から読んでいきます。読んだ内容をメモにして、経済学の研究をしていきます。ロンドンに行く前年の一八四八年、マルクスは、エンゲルスと一緒に『共産党宣言』というのを発表しました。一八四八年というと日本はまだ江戸時代ですね。その頃に『共産党宣言』を発表して、資本主義を徹底的に批判します。その後ロンドンに移り経済学の勉強をすることによって、一八五九年、『経済学批判』という本を出しました。これは、それまでの経済学をまとめて批判するものです。

カール・マルクス

　この『経済学批判』の続編にあたるのが、実は『資本論』なんです。『資本論』の内容というのは『経済学批判』にある程度は書かれているんですが、それをあらためて詳しく書き直したものが『資本論』という位置づけになります。

マルクスは、経済学の本を書くだけではありません。共産主義運動も始めます。一八六四年、「国際労働者協会」というのができて、やがて中心人物になります。国を超えてイギリスもフランスもドイツもベルギーも、さまざまな国の労働者たちが一緒になって協力して資本主義をひっくり返そうという運動を始めるんです。この「国際労働者協会」は、「第一インターナショナル」といわれます。

何で第一という名前がついたかというと、これはすぐに解散してしまって、その後に第二、第三、第四までつくられるものだから、最初のものを第一インターナショナルと呼ぶだけです。当時は単に「国際労働者協会」と呼ばれていました。

『資本論』の初版は一〇〇〇部

一八六七年、『資本論』の第一巻が出版されます。初版は一〇〇〇部。イギリスで書きましたが、ドイツ語で出版されました。初版の一〇〇〇部が全部売れるのに四年かかったそうです。わずか一〇〇〇部なのに四年。売れるまでだいぶ時間がかかっていますね。でも考えてみると、インターネット書籍販売のアマゾンがあったわけでもありません。テレビもラジオもない時代、情報は口コミしかありません。

そもそも文字が読めるという人も少なかった時代ですから、簡単に売れることはなかったのですが、やがて一八七二年にフランス語訳、一八八七年に英語訳が出て次第に広がっていきます。

日本語訳はなんと累計で四〇〇万部といわれています。大ベストセラーだよね。いろんな訳が出ています。大月書店とか岩波書店とか、いろんな出版社から出ていますが、筑摩書房の新訳を使って話を進めていきます。

ロシア革命が起きた

マルクスの著作が世界史に与えた影響は、なんといっても一九一七年のロシア革命です。レーニンという人がマルクスの本を読んで、社会主義こそが必要だと考えて革命を起こしました。

ところが、『資本論』を読むとよくわかるのですが、社会主義革命というのは、資本主義経済がうんと発展して初めて起きるものとマルクスは考えていました。

資本主義経済が発展することで社会が豊かになる一方、労働者は貧困に追いやられる。

しかし、大工場で多数の労働者が一緒に働くことにより、労働者は団結し、組織的に行動する能力を身につけていく。そういう基盤を実は資本主義がつくっていくんだとマルクスは考えていました。

資本主義が発展することによって労働者が団結し、労働者がまとまって行動する力が得られる。それによって革命を起こし、労働者の世の中をつくる。社会主義の世の中をつくる。資本主義が発達している国ならば経済が豊かです。豊かな社会の中で、高い能力を持った労働者たちが社会主義をつくっていく。これが、マルクスのイメージしていた社会主義です。この『資本論』を読むと、その考えがよくわかります。

ところが、一九一七年に革命が起きたロシアは、資本主義がほとんど発達していませんでした。まだ封建社会で農奴から解放されたばかりの農民たちが主体です。資本主義経済の工場労働者、マルクスが革命の中心になると考えた工場労働者というのは一握りしかいなかったんです。

その結果、社会主義革命の中心になったのは、労働者ではなくて、マルクスの考え方が必要だと考えたごく一部のインテリでした。大学生や知識人たちが、マルクスの考え方が正しいんだ、と考えて革命を起こしてしまったのね。労働者のことをよく知らない人たちが革命を起こしたのです。

マルクスの想定した社会主義ではなかった

当時のロシアは、資本主義が発達していなかったので、革命の担い手である労働者が十分育っていませんでした。自分たちでこの世の中をつくり変えていこうという、それだけの力を持った労働者がほとんどいなかった。ごく一握りの革命を起こしたインテリたちが命令をして、労働者や農民は、その言う通りに従っていけばいいんだ、と考える共産党という党ができてしまった。

しかもまだ経済が十分に発展していない。非常に貧しい国の中で社会主義になってしまった。マルクスが考えたのとはまったく違う社会主義の国ができてしまったのです。

ところが、「これこそがマルクスが考えたマルクス主義の革命だ」という、モデルにされてしまいました。みんな勘違いをしてしまって、東ヨーロッパにしても中国にしても、ソ連型の社会主義をお手本にして国づくりをしてしまった。その結果、共産党の言うことさえ聞いていればいい、という国が各地にできてしまった。言論の自由もない国ができてしまったのです。

マルクスが考えていた社会主義とはまったく違う社会主義が生まれてしまったということです。マルクスが書いた『共産党宣言』を読むと、共産党が革命を起こしてまず一番に獲得すべきことは、それは民主主義だ、と書いてあります。

では、その民主主義とは何か。労働者が選挙で自分たちの代表を選ぶこと。そういうことがまず一番に必要なんだ、と考えていました。『共産党宣言』が出された時代は、いまのような民主主義というのがまったくなかったからです。

当時の社会主義革命とは、自分たちが選挙で代表を選ぶ民主主義を獲得することだったのです。

それをいま私たちは実現しています。自分たちが選挙で好きな人を選ぶことができるよね。まあ、好きな人がいないという悲しい現実はあるけれども、とりあえずは選挙で代表を選ぶということはできるわけだ。マルクスはそれをめざすべきだと言っていたんだよね。実はその部分は実現しているのです。

レーニン以降の時代、ロシアでは自由な選挙は実現しませんでした。マルクスが求めていた社会主義とは、まったく違う社会主義が生まれてしまっていたのです。

マルクスが、「こういう社会にしなければいけない」と主張した部分は、ある程度は実現しているという現実があるのです。マルクスの時代、イギリスなどでは選挙で人々の代表を選ぶという制度が始まりつつありました。エンゲルスは、「選挙で労働者の代表を選ぶという革命が起こせるかも知れない」という趣旨のことを言っています。マルクスが生きていた時代は、選挙で国の体制をひっくり返すということはできませんでした。そこで、武力革命が想定されたのです。「武力をもって、軍事力で革命を起こさなければいけない」という常識があり、ロシアのレーニンは、まさに武力革命を起こしました。その時代に比べていま、はるかに民主主義というのは進んでいるわけだよね。選挙で政治の体制をひっくり返すことができる。となると別にロシア革命のように武力で、軍事力で革命を起こす必要はないんじゃないか、と考えられるようになったということです。

「マルクス・レーニン主義」が生まれた

時代はすっかり変わりました。「マルクス・レーニン主義」という特定のモデルに頼らない社会主義への道が多数できつつあるのだろうと私は思っています。

マルクス・レーニン主義というのは、「マルクスの理論にもとづいて、レーニンが革命を起こすことができたのだから、両者は一体として考えるべきだ」という思想です。

革命は、「前衛党」である共産党が労働者を指導し、武力を使って権力を奪取することを想定していました。前衛党というのは、「労働者の前衛」つまり先頭に立つということです。労働者は、マルクス主義に目覚めない限り、思想が「遅れている」。だから、マルクス主義を理解している知識人である共産党員が、革命の必然性を労働者たちに教え込んでやろうと考えました。

これを外部注入といいますけれども、自分たちが一番優れているから、マルクス主義思想を労働者たちの頭に注入してやろう。自分たちが労働者を率いて革命を起こすんだ。いまから考えれば非常に思い上がった考え方だと思うのだけれども、それがマルクス・レーニン主義を主張した人たちの発想でした。

だからマルクス主義というのは、マルクス・レーニン主義でなければならない、これだけが正しいんだ、という言い方がされてきました。

しかし、いまになってみると、マルクス・レーニン主義というのは、ロシアの非常に遅れた体制の下でレーニンが起こしたやり方を踏襲しているだけであって、それとは違うマルクス主義という考え方もあるんだということです。

いまの資本主義を変革すべきだというマルクスの考え方は、レーニンのような方法でなくても実現できるのではないか、ということなのです。

マルクスについてさまざまな書物で学ぶと、マルクス・レーニン主義という言葉が、頻繁に出てくると思いますが、それはあくまで特殊な考え方の一つなんだと理解しておいたほうがいいと思います。

「学問に王道なし」

これから、いよいよ『資本論』を読み解きますが、その前に、ひと言。

マルクスは、フランス語版の序文で、次のように書いています。

「学問に王道はありません。学問の急峻《きゅうしゅん》な細道をはい上がる労をいとわない者だけが、光り輝く頂上に達するチャンスを手にするのです」

学問というのは、言ってみればつらくて険しい山道をよじ登るようなものだ。だけどそれを「いやだよ」と言わないで一生懸命努力した者だけが、光り輝く頂上に立つことができるんだよ、と書いてあります。これから一緒に急な坂道を上ってみましょう。大丈夫、私が手助けをしてあげますからね。実は私も大学生のときに、この本に挑戦して挫折しました。そこで、険しい坂道を上から手を差し伸べて引っぱってあげたり、ロープを垂らしてあげたり、あるいは下からおしりを押し上げてあげたりしますから、一緒に坂道を上っていきましょう。

『資本論』の中身を要約すると

マルクスが『資本論』で論じようとしていること。それは、以下のように要約できます。

人間の労働があらゆる富の源泉であり、資本家は、労働力を買い入れて労働者を働か

せ、新たな価値が付加された商品を販売することによって利益を上げ、資本を拡大する。資本家の激しい競争により無秩序な生産は恐慌を引き起こし、労働者は生活が困窮する。労働者は大工場で働くことにより、他人との団結の仕方を学び、組織的な行動ができるようになり、やがて革命を起こして資本主義を転覆させる。

そういう社会の法則を見つけ出し、それを解説したのが『資本論』だ、というのがマルクスの言い方です。『資本論』と日本語では訳されていますが、ドイツ語の原文はDas Kapital。Das というのは定冠詞。英語でいうところの The です。Kapital というのは英語の Capital、これは資本という意味です。つまり日本では『資本論』といっていますけれども、原題は『資本』なんです。

ただ『資本』という題名だと、何のことかわからないだろうと考えた訳者が、資本について論じた経済学の本だという意味で、『資本論』と名づけました。

『資本』について研究していたマルクスはとても貧しく、エンゲルスに援助してもらいながら研究していました。ですからマルクスのお母さんは、貧しい息子が資本についての本を出したと聞いて、「うちの息子は資本の研究なんかしないで資本をつくってくれればいいのに」と嘆いたという逸話があります。

資本とは、要するに「お金」だということですね。お金がたくさん集まったものを資本といいます。その資本を持っている人、使う人を資本家といいます。「お金持ち」のイメージですね。でも、ただお金をたくさん持っているだけではなく、そのお金を使い、さらに増やしていこうとする人が資本家です。

たくさんのお金で、工場を建てたり、機械を入れたりして新しい生産をします。そういう機械や工場、そういうものも全部ひっくるめて資本という呼び方をします。

『資本論』の第一巻は「資本の生産過程」と書いてあります。つまり資本が生産される様子、どうやって資本が生まれるのかを論じますよ、ということです。

第３講

世の中は商品だらけ

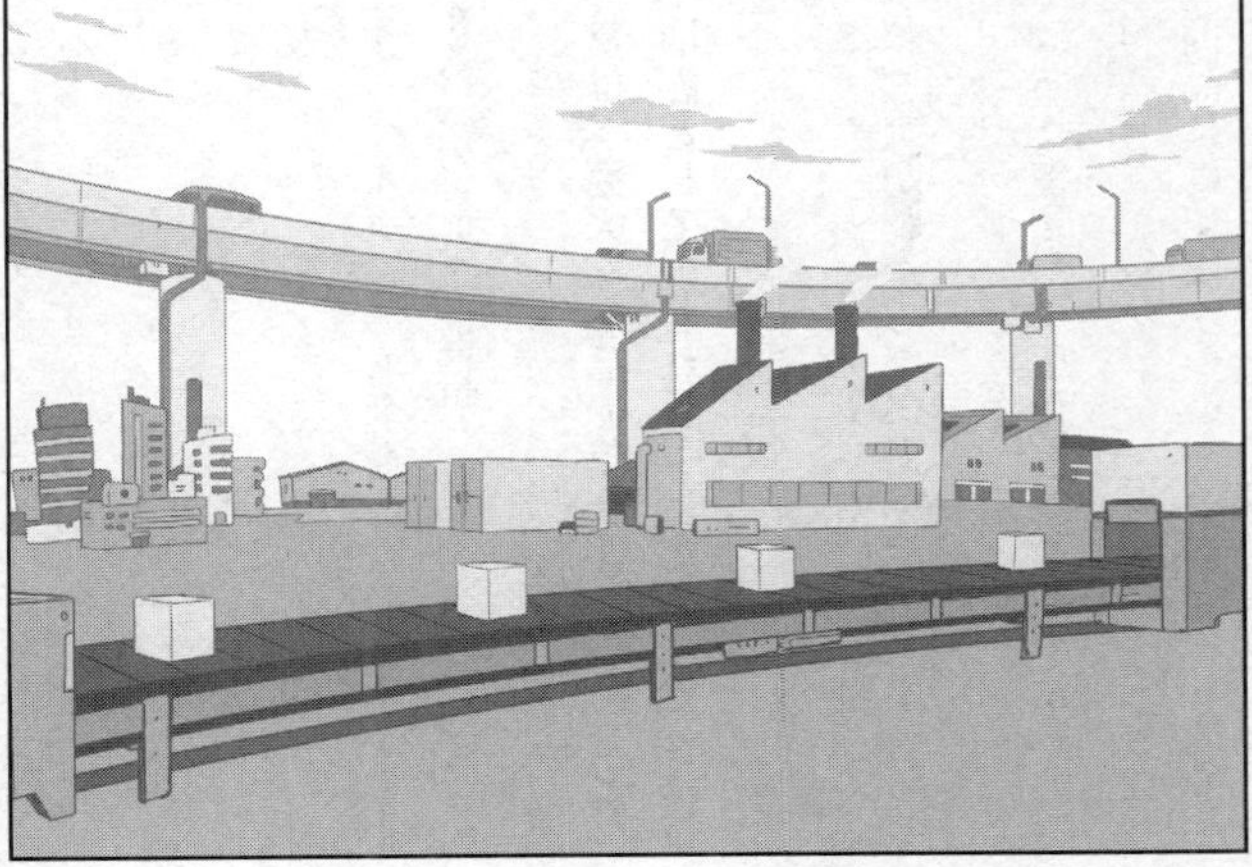

「商品」の分析から始めよう

では、その「資本とは何か」というところです。マルクスの有名な最初の文章から始めます。多くの人は、『資本論』の最初に出てくるこの言葉で挫折します。

資本制生産様式が君臨する社会では、社会の富は「巨大な商品の集合体」の姿をとって現われ、ひとつひとつの商品はその富の要素形態として現われる。したがってわれわれの研究は商品の分析からはじまる。

何が「したがって」だよ、と思っちゃいますね。訳がわからない文章です。こうして冒頭でつまずいた人は多いのです。

しかし、別に難しいことを言っているわけではありません。私たちの資本主義の世の中、すべてのものは商品だ、と言っているのです。

私たちは、商品に囲まれて生活しています。商品には値段がついていますね。値段がついているからお金で買うことができるのです。

昔、「愛情だってお金で買える」と言った人がいます。資本主義の社会では、本当に愛情がお金で買えるかもしれないという話があるんですね。ある女性が、貧しい男性とお金持ちの男性の両方と付き合っているとしましょう。貧しい男性とのデートはただ公園を歩くだけだったりする。一方のお金持ちの男性は、高級レストランに連れて行ったり、「夜の東京を空からヘリコプターで見てみよう」と、夢の世界を演出してくれたりすると、そちらの人のほうが素敵に見えるかも知れない。いつしか、その人個人の本当の魅力なのか、お金があるからたまたま魅力があるように見えるだけなのか、わからなくなってしまうことは、ありうるわけだよね。

みんながそうだとはもちろん言わないけれども、この世界、お金があることによって、お金がない人よりはいろんなことができるのです。この筑摩書房の『資本論』という本だって、上巻には三二〇〇円という値段がついています。それだけのお金があるからマルクスについて学ぶことができるのです。

すべてこの世の中のものは、値段がついている商品ではないか、とマルクスはまず考えたわけです。その商品がどうして「商品」であるかを研究することによって、私たちの世の中が分析できるんじゃないかと考えたのね。

たとえば私たち人間の体は約三七兆個の細胞から成り立っています。その細胞のひとつひとつを研究することによって、人間の体が理解できるのと同じように、ひとつひとつの商品を分析することによって、この資本主義経済を分析してみよう。だから、まずは商品の分析から始めるよ、というのがこの宣言です。

「社会の富は商品の集合体」

資本制生産様式というのが、資本主義経済のことです。いわゆる資本家といわれる人たちが工場をつくり、そこで労働者を雇い、大勢の人を働かせ商品をつくり出し、それを売ってお金を得て、そのお金でまた工場を拡大したりして経済が発展していく。お金の集まりである資本がひとつの力となって、さらに新しいお金を増やしていく。そういう社会のことを資本主義社会といいます。それをマルクスは、「**資本制生産様式が君臨する社会**」という言い方をしています。

そして、「**その社会の富はみんな『巨大な商品の集合体』の姿をとって現われる**」。

原始社会だって、社会にはいろいろな財産があったわけだよね。たとえば木に果物がなっている。その果物をとってくればそれでおいしく食べられるでしょう？　あるいはイノシシをみんなでとってきて肉を焼いて食べればおいしく食べられるよね。自分たちで粗末な家をつくるかもしれない。これはみんな社会の富だよね。毛皮で服をつくるかもしれない。冬暖かく暮らせ、雨をしのぐ家に住むことができ、おいしい食べ物が食べられる。こういうものはみんな富なのね。社会の財産。

だけど、この時代には、値段がついていないよね。みんな自分たちでつくり消費していたから値段がついていない。つまり人に売る商品ではなかったわけです。着るものはみんな自分たちでつくっていたよね。動物の皮でつくった服をいくらで売りますよ、なんていうことは昔はなかったわけで、商品ではなかったのです。

ところが、この私たちがいま暮らしている資本主義社会では、すべては商品になっている。そして社会の富というのは商品の集まりですよ、ということです。

「**ひとつひとつの商品はその富の要素形態として**」とは、難しい言葉を使うよね。マルクスはわざと難しい言葉を使っているフシが見えます。「**富の要素形態**」って、要するにその富を構成しているひとつひとつのものですよ、ということにすぎません。商品が集まったものが社会の富で、ひとつひとつの商品は、その富を構成しているひとつの要素ですよ、と言っているだけなんです。

私たちが暮らしている社会では、社会の富ってみんな値段がついている。何でもお金を出して商品として買ってこなければいけないような状態になっている。だから何で商品ってそんなものなのか、という分析から始めていくと、私たちの世の中が見えてくるんじゃないかな、ということなのです。

まずそういう文章がありまして、その後、「**商品はさしあたり人間の外部にある対象である**」と書いています。

当たり前だよね。人間の中にはありません。私たちが買うもの、あるいは使うものとして商品はあります。

つまりその商品というのは、何らかの人間の欲望を満たすものだと言っています。商品というのは私たちの欲望を満たすもの。食べ物は当たり前だよね。飢えを癒やしてくれる。あるいはおいしいものを食べたいという欲望を満たしてくれる。

だから食べ物を買うときには当然お金を出して買わなければいけない。食べ物にはみんな値段がついています。でも、その人間の欲望というのは胃から出てこようと、幻想から出てこようと、どちらであろうと欲望を満たすものであることに変わりがないよ、という言い方をしています。

どういうことかというと、おいしいものを食べたいという胃から出てくる欲望もあれば、ちょっと楽しみたいな、これから一時間マンガを読んで楽しみたいな、という欲望もある。

マンガも商品だよね。マンガの本を買ってくる。これは商品だ。これは何もお腹《なか》が欲しているものではないけれども、何か楽しみを持ちたい、という欲望を満たすもの。だから商品というのはみんな人間の欲望を満たすものであって、それは何もおいしい食べ物を食べたい、きれいなものを着たい、だけではない。感動したいから映画を見る。あるいは遊びたいからゲームをする。ちょっとロマンチックな気持ちになりたいから小説を読む。そういうもののみんな自分たちの欲望から発しているもの。その欲望を満たすもの、それが商品なんだよ、というふうに言っています。

だから、そうした商品が、どうやって欲望を満たすのかは、どうでもいいのです。商品というのはそういうものなんだよ、それを分析しますよ、というのがこの「商品」ということです。世の中すべては商品だよ、ということ。当たり前のことを言っているといえば、当たり前のことなんだけれどね。

マルクスは、歴史の中で、「いまはどんな時代なのか」と常に考えていました。大昔はみんな共同体で助け合って生きていた。その頃にはまだ商品というのは生まれていなかった。それがやがて他の共同体と物を交換するようになって、物々交換をし、いろんなものを交換していくうちに初めて商品というのは発生するわけだよね。つまり社会が次第に発展するにしたがって商品というのは生まれてきた。つまり私たちの時代は、すべてに値段がついてしまった、商品になってしまった、そういう時代なんだよ、ということです。

第４講

商品の価値は
どうやって測る？

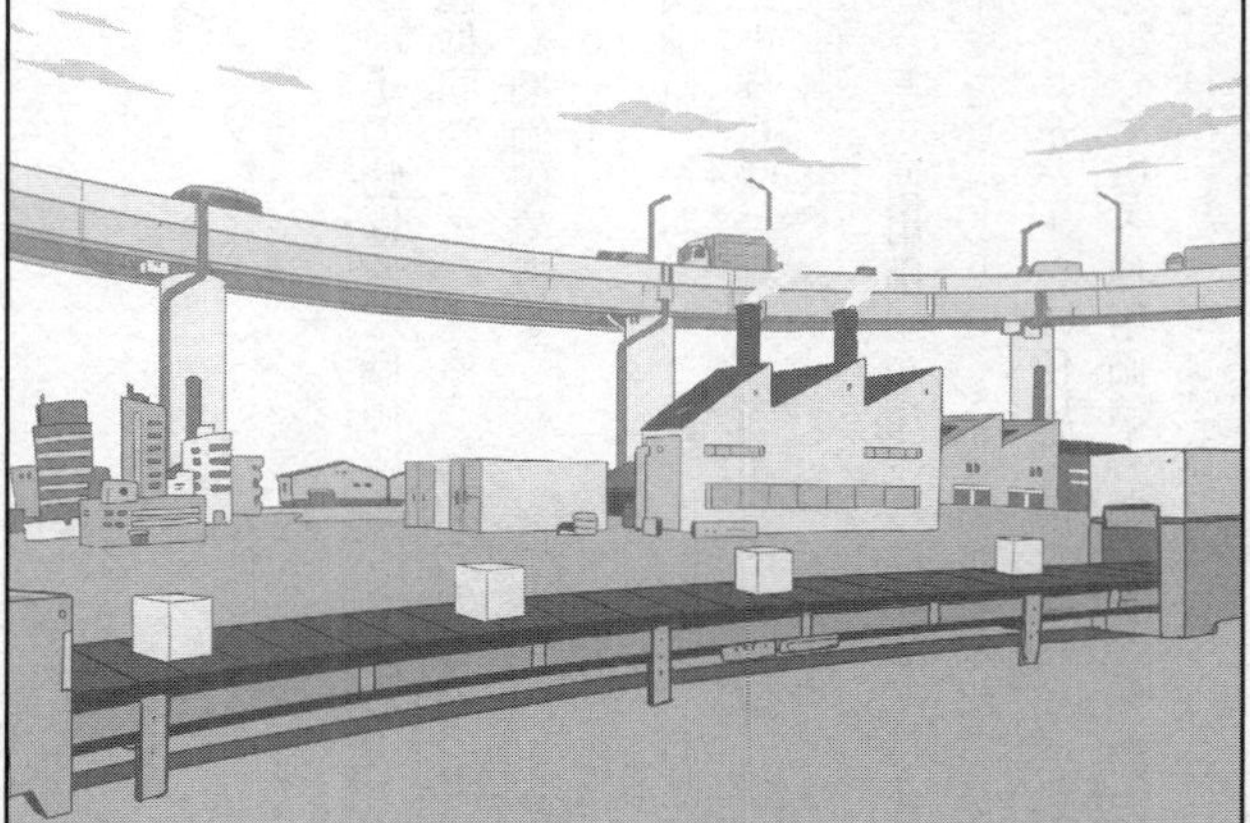

使用価値と交換価値

人間生活にとって一つの物が有用であるとき、その物は使用価値になる。(中略)われわれが考察する社会形態では、使用価値は同時にまた、もう一つ別のものの素材的な担い手になっている。それがすなわち——交換価値である。


マルクスは、商品には「使用価値」と「交換価値」がある、と言っています。商品には使用価値がある。つまり、使って役に立つという意味ですね。当たり前ですね。使って役に立たないものは商品として売れませんから。

商品に使用価値があるというけれど、逆にいうと、使用価値がなければ商品ではないんだよね。たとえば、おいしいケーキは、ケーキを食べるということが商品の使用です。おいしいケーキを食べ、空腹が満たされると、それがケーキの使用価値だよね。

あるいは洋服であれば、とりあえず寒さをしのぐという使用価値もあるし、気のきいた服だったら、「あの人おしゃれだわ。ステキだわね」とみんなに思ってもらえるという使用価値があるわけだよね。

勉強するために参考書を買えば、その参考書で勉強することによって試験でいい成績がとれたり、入学試験に受かったりするという使用価値があるわけだ。参考書を買ったけれど使っていなければ使用価値を生かしたことにはならないわけだけれども。

商品には使用価値がある。逆にいえば使用価値があるから商品といえる。まあ当たり前のことを言っているわけだ。

使用価値があるから交換価値もある

ところがマルクスは、商品はそれだけじゃないんだ、もう一つあるんだ、と言っています。

「人間生活にとって一つの物が有用であるとき、その物は使用価値になる」これはいま私が言ったことです。

「われわれが考察する社会形態では」、またややこしいな。「われわれが考察する社会形態」って、要するにいまのこの世の中のこと。この世の中では、「使用価値は同時にまた、もう一つ別のものの素材的な担い手になっている」「それがすなわち交換価値である」とは、どういうことか。

たとえば、あなたがリンゴを持っていて、ミカンと交換することを考えてみよう。何でリンゴとミカンを交換することができるかというと、ミカンを食べるという使用価値があるからだよね。リンゴはリンゴで、おいしいリンゴが食べられるという使用価値がある。だから交換というのは成立する、と言っているにすぎないの。

商品と商品が交換できるのは、それぞれどっちにも使用価値があるからなんだよ、と言っているわけだ。あなたがミカンを持っていて、その辺の木の棒と交換しようなんて思わないでしょう？　そりゃあ木の棒は使うことがあるけれども、おいしいものを食べるという使用価値を満たすことはない。だから、木の棒と交換しようとは思わない。リンゴとだったら交換する気になる。あるいはケーキとだったら交換しようということになるよね。

つまり、ある商品とある商品が交換される交換価値は、使用価値があるからなんだよ、ということを言っているんですね。それだけのこと。マルクスは、そんな簡単なことを、こういう大変難しい言葉を使って言っているのです。マルクスは、ここでの具体的な例として、「鉄や小麦やダイヤモンドなどという商品は、みな使用価値である。使用価値だからこそ、それはまた交換価値になる」という意味のことを言っています。

使用価値があるからこそ交換価値があるということは、商品同士が交換できるということです。たとえば私が持っているシャープペンシル一本とボールペン五本とが交換できて、これは鉛筆一〇本と交換することができる。あるいは、カップ麺一〇個と交換することもできる。

というふうに、「A商品X量＝B商品Y量＝C商品Z量」と、さまざまなものがみんなイコールでつながっていくでしょう。こういうものは、それぞれの商品の量を変えることによってイコールでつないでいくことができる。つまり「すべての商品は量的比率によって表わされる」と、マルクスは言っています。

さまざまな商品が交換価値を持っていて、いろんなものをイコールでどんどんつないでいくことができる。ありとあらゆるものをイコールで結んでいくことができる。その際、ある種類のものが、他のものと一定の割合で交換することができていく、ということをマルクスは考えたわけだね。

そこでマルクスはさらに考えた。

「何でこうやって全部イコールでつないでいけるんだろうか。イコールでつないでいくことができるということは、ここに何か共通のものがあるからではないか」と。

シャープペンシルとカップ麺って、まったく違うものなのに、なんでイコールでつなげるのか。

交換できるものには共通点がある

使用価値がまったく違うのに、ある一定の比率によって交換することができるのは、なぜだろうか。「そこには何か共通するものがあるに違いない。それは何だろうか」とマルクスは懸命に考えたわけだ。さあ、ところで共通するものって何だと思う? シャープペンシルにしても、時計にしても、かばんでもいい、洋服でもいい。みんなこれだけの洋服だとこれだけの何かのものに交換することができるよ、って全部イコールでつないでいける。何かそれぞれには共通のものがあるに違いない。共通のものって何だろうか。さあ、何でしょうか?

これらはつくられたものだよね。ミカンやリンゴだったとすれば、そこで育てられ、もぎ取られたものだよね。ダイヤモンドだったら掘り出されたものだよね。つくるとか、もぎ取るとか、掘り出すというのは人間の労働によって成り立っているでしょう。つまり労働というものがあるからこそ、全部イコールでつながっているんじゃないか、というふうに考えたわけね。

あなたたちが働いているから、いろんなものがつくり出されている。人間が働くことによって、こういう商品が生み出されているんだろう、と考えたわけです。「量的比率の背後には共通のものがあるはず、それは人間の労働だ」と。

使用価値または財は、抽象的に人間的な労働がそのなかに対象化されている、あるいは受肉しているからこそ価値をもつ。

またわかりにくい言葉だね。「使用価値」って、要するに使って便利だということ。そういう商品や財産は、何で使用価値があるか、欲望を満たすことができるか、というと、実はその中に人間的な労働が含まれているからだよ、と言っています。

マルクスは、「**受肉している**」という言い方をしています。これはまさにキリスト教的なものの言い方です。そもそも「受肉」とは、神の子であるキリストが、人間という肉体を持った存在として地上に生まれた、ということを意味します。「目に見えない本質が、形をとって現われる」という意味です。

イエスというのはマリアのおなかから生まれたけれど、神の子だよね。この世界をつくり出した神様って肉体があるわけじゃないわけ。私たちには見えないでしょう。その神様の子どもであるイエス・キリストというのは、人間の形をとっているでしょう。人間の肉体があるよね。神の聖霊が人間の形をとった、つまり肉を持った。それが受肉ということなの。

人間の労働が受肉されて使用価値を持っているということは、人間の労働こそが尊いもので、人間の労働があってこそ世の中すべての商品には価値があるものなんだよ、労働が受肉されているから使用価値なんだよ、とマルクスは言いたいのです。

ここに受肉という言葉を使うことによって、キリスト教社会の人たちは、「ああ、それだけ貴重な尊いものが商品の中には含まれているんだな」ということがわかる。キリスト教を常識として子どもの頃から学んでいないと、こういう言い方ってなかなかわかりにくいよね。

余談ですが、欧米のさまざまな文学作品や論文を読むと、読者にキリスト教的な常識があることを前提に論理が展開されていることが多いのです。だから、将来あなたが欧米の小説や論文を理解しやすくなるように、一度は旧約聖書や新約聖書を読んでおくことをお勧めします。別にキリスト教信者になりなさい、と言っているわけではありません。欧米の文化や人々の発想を知るためには、教養として旧約聖書や新約聖書を読んでおくといいよ、ということです。

労働が含まれているから価値がある

たとえば人間が農業をするとなると、大自然の下でまず土を掘り起こし、種を植え、水をまいたり肥料をやったりして、やがて成長してきたら刈り取る。大地、自然に対して私たちは常にいろんな働きかけをしているよね。それによって新しい財産、富が生まれている。

あるいは鉄鉱石というものを取り出し、溶かして鉄をつくる。鉄からさらに自動車をつくる。そもそもは鉄鉱石という自然界にあったものを、私たちが取り出すという人間の労働があったからこそ鉄ができ、その鉄の形を変えて組み立てて自動車をつくるという人間の労働があったからこそ自動車というものが生まれる。その結果、自動車で遠くへ行くことができるという使用価値が生まれる。だから自動車はある値段で売買される、交換されるということだよね。すべて商品がイコールで結ばれるということは、そこに人間の労働が入っているからではないか、ということなのね。

そうなると、ではシャープペンシル一本がボールペン五本とイコールだということは、当然のことながらシャープペンシル一本をつくる労働よりも、ボールペンを一本つくるほうが労働の量が少ないんだ、ということがわかるよね。ボールペンを一本つくり出す人間の労働量の五倍の労働量で初めてシャープペンシル一本の労働量になるということは、労働の量が違うんだよね。

労働によって商品の価値が決まる。商品の価値は、そこに含まれている労働の量によって決まる。こういう経済学の学説を、「労働価値説」といいます。この学説については、経済学者の中で異論や批判もありますが、マルクスの理論は、労働価値説なのです。

労働の量はどうやって測るのか

さて、では労働の量とは何だろうか。それは労働時間だろう、というのがマルクスの考えです。シャープペンシル一本つくるほうがボールペン一本つくるよりも労働時間が多くかかるから、それだけ値段が高いんだよ、というわけです。

そうなると疑問がわいてくるね。タラタラ働いている人は労働時間がうんとかかり、真面目に働いている人はどんどんつくっていく。ということは、長い時間かけた人のほうが労働時間がかかっているから高い商品をつくり出すのだろうか。

「そんなの変だよ」と思うよね。マルクスもそういう疑問が出るだろうということをわかっていて、説明しています。必要な労働時間というのは、社会全体のことを考えているので、個別の人のことを考えているわけではないというんだ。

サボりながら働いている人もいれば、真面目にせっせと働いている人もいる。ということは、社会全体としての平均的な労働時間というのが出てくるだろう、と。マルクスが言う労働時間とは、社会的に平均的な労働時間のことなんだね。

シャープペンシル一本つくるのでも、人により、会社により、必要な労働時間は違っていたりするけれども、社会的な労働時間というのは平均的なところに落ち着く。それが平均的な労働時間になるよ、ということです。

ということは、一本一本を手作りしていた時代のシャープペンシルは、ものすごく高かったわけだ。ところが製造ラインが自動化されて、大量生産できるようになると、一本をつくる労働時間というのはグッと減るよね。つまりそれだけ一本あたりの価値が下がるわけ。値段が下がるわけだ。

昔のように手製でつくるのに時間がかかっていた時代は、いろんなものがとっても高かった。私が小学生の頃は、シャープペンシルってとても高くて、小学生のこづかいでは買えなかった。それは、つくるのにとても時間がかかっていたから。いまだと、一本なくしても、「じゃあ、また買えばいいや」くらいのものになってしまっているよね。ものすごく安くなった。労働生産性が上がって、オートメーションが進んで、いろんなものがどんどんつくられるようになったから値段が下がった、ということだよね。

いまでも、木工品など専門家がひとつひとつ手作りで何か月もかけてつくるようなものってものすごく高いでしょう。一方、ＩＫＥＡやニトリに行くと、安い家具があるよね。あれは、機械で大量生産されているから、ひとつをつくるときに必要な労働時間ってものすごく少ないわけだ。だから、とっても安いということなんだよね。

さまざまな商品がイコールで結ばれるのは、それを製造するのに必要な労働時間がイコールだからだ、とマルクスは考えました。

他人にとって使用価値があるから商品だ

物は商品であることなしに有用でありうるし、また人間労働の産物でありうる。自分の生産物によって自分自身の欲望をみたす人は、なるほど使用価値をつくってはいるが、しかし商品をつくっているわけではない。商品を生産するためには、彼は使用価値を生産するだけでなく、他人のための使用価値を、社会的使用価値を生産しなくてはならない。

ここでマルクスは、あらゆるものが商品というわけではない、と言っています。商品には使用価値があるという話をしました。使用価値があるからこそ買う人がいる。だから値段がついている。でも、だからといって商品ではなくても有用なものはあるよ、ということなんですね。

人間労働の産物であって商品ではないもの。たとえば家庭菜園を考えてみようか。あなたが、庭を耕してわが家で食べる野菜をつくったとしよう。これは人間労働の産物だよね。食べれば栄養があるという意味で有用でもある。しかし、これは商品ではないよね。お金を出して買ってきたものではないでしょう。だからこういうものは使用価値はあるけれども商品ではないわけ。

自分が使うためだけだったら、自分にとっての使用価値ではあるけれども、それは商品ではないんだよ、ということなんだね。他人が使うもの（使用価値）を他人のためにつくって売る。それが商品なんだ。

みんな誰かの役に立つ仕事をしている

私たちがこの社会で働いて何か商品をつくる。それが商品として売れるということは、喜んで買う人がいるからだ。それは他人にとっての使用価値をつくり出していることになる。一方、社会の役に立たないもの、つまりお客にとっての使用価値をつくることができないと、会社はつぶれてしまいます。私たちが働くのは、実は私たちの生きがいでもあるわけだよね。働いて、「ああ、自分はこの仕事をしていてよかったな」と思うのはどういうときかというと、お客がその商品を使って喜んでくれたときなのね。

たとえば出版社でいえば、お客さんに喜んでもらえるかどうかというのは、はっきりわかる。商品である本が売れるか売れないかだ。つくった本がたくさん売れるということは、喜んで買ってくれている人がいるということだ。わざわざお金を出して買ってくれているわけだから、商品として成り立っているわけでしょう。

他人にとっての使用価値を生み出しているわけだ。だからそれがたくさん売れれば当然もうかるし、全然売れなかったら、「ああ、誰も喜んで買ってくれなかったんだな。使用価値がなかったんだな」ということがはっきりわかってしまうわけだよね。それだけ厳しい社会だけど、逆にいうと、そうやって自分が働くことによって誰かに喜んでもらえるという働きがい、生きがいがある。それがこの社会的な労働なんだよ、ということなんだよね。つまりそこには社会的な人間関係のつながりが存在している、という言い方ができるかもしれない。

たとえば一番いい例が、ロビンソン・クルーソーの物語だ。難破して離れ島に流れ着いてしまったロビンソン・クルーソーという人が、しばらくたった一人ですべてのものをつくり出していくという物語。この話は『資本論』にも出てきます。

難破船で離れ島に流れ着いた彼は、自分が生きていくためにいろんな労働をするわけ。畑を耕して小麦を育て、というところからやるんだけれども、それは自分のためだけなんだよね。自分一人が生きていくためだけのもの。それは自分にとっての使用価値だけれど、それを誰かにあげるわけではないんだよね。つまりそれは商品を生産しているわけではないわけ。

分業することで豊かになる

ロビンソン・クルーソーのようにたった一人で食べものを集めるのは、なかなか大変だよね。それぞれ別々に、肉をとる人は肉をとることに専念し、魚をとる人は魚をとることに専念したほうがたくさんとれる。社会全体で見れば、そのほうがたくさんとれるんだ。その魚と肉を交換すれば、どちらも肉も魚も食べられる。それはそれぞれが別の仕事をしたからなんだ。これを「分業」といいます。

みんな別々の仕事をしている。分業しているから社会の富はだんだん豊かになってくるし、みんな、それぞれ他の人にとって役に立つものを交換しようとやっているから分業というのは成り立つわけです。

たとえばあなたが身の回りの生活に必要なものを全部一人でまかなおうとすると大変だよね。まず自分の下着から自分でつくらなければいけない。そのためには、布の素材になるコットンも自分でつくらなければいけないでしょう。食べるものだって、海に魚釣りに行っていたら、それだけで一日が終わってしまって、一日が終わっても食べ物にありつけなかったりするよね。

でも、いまは分業になっているから、あなたがそんなことをしなくても、レストランに行けば食事ができるし、下着も洋服も買うことができる。

こういう社会的な分業が成り立っているからこそ、私たちの社会には富が蓄積されたんだ。一人一人が自分ですべて生産していたら、とても大変。みんながいろいろ分業することによって社会が成り立っているし、その分業というのは、交換が成立しているからなんだよ、ということだね。

単純労働と複雑労働

では、労働の質の違いはどうするのか、という疑問も出てくることでしょう。

たとえばシャツをつくるのに、布を型通りに切り出す仕事の人と、それを縫い上げて完成させる人がいれば、完成させる仕事の人のほうが高い収入を得られるでしょう。それは、完成させる仕事のほうが複雑な労働をしているからです。複雑労働というのは、単純労働をいくつも積み重ねたものと同じ価値になるよ、とマルクスは分析しています。

つまり労働時間で表わされる労働の量は、複雑な労働のほうが単純労働よりもうんと多いんですよ、という考え方なのね。

単純労働と複雑労働が、同じ労働時間という形でイコールにはならないのは、複雑労働というのは、単純労働がいくつも積み重なった状態だというように計算できる、というのです。

交換に便利なものが使われた

先ほどのように、「A商品X量＝B商品Y量＝C商品Z量＝……」という形で、いろんな商品がイコールでつながると、当然のことながらどこかで金何グラムというものともイコールになってきますね。

金を掘り出すのには、当然のことながら労働時間がかかるでしょう。砂金や鉱石の中にわずかに含まれている金を取り出して、それを溶かして純金にするには、とても労働時間がかかるわけだよね。労働時間がかかりますから、金はごくわずかな量で、他の商品とイコールになります。金の他に銀も、同じような立場になります。

この場合の金というのは、きれいなものだから宝飾品としても使われることで、さまざまな商品とイコールになります。こうなってくると、やがて金や銀は、交換手段としてすごく便利だな、ということになってきます。

たとえば物々交換の時代、肉と魚を交換するのはいいんだけれども、肉も魚も腐りやすいよね。このため、交換がすぐに成立しないと、いたんでしまうかも知れません。そこで、そういうものは、何か腐らないものととりあえず交換しておくといいな、ということになるんだよね。

これがたとえば日本だと、昔は稲と交換しました。稲はご飯になるわけだから、みんなが必要。肉の必要な人も魚の必要な人も、みんなとりあえず稲にしておけばいいということになりました。

そうすると、たとえば布を織っている人から布を買うには、「どのぐらいの稲と交換できるの？」と聞くことになります。大昔の日本語では、稲を「ネ」と発音していました。そうすると、「この布はどれぐらいのネと交換できるかな？」、「この魚はどれぐらいのネと交換できるかな？」、「これはどれぐらいのネ？」と言っているうちに、値段の値（ネ）という言葉が生まれました。私たちが値段のことをネというのは、昔、稲が交換手段として使われていたからだということがわかるんです。

中国では子安貝（宝貝）というきれいな貝が、交換の仲介役として使われていました。中国の内陸部だと、海岸から持ってきた貝ってとっても珍しかったのね。きれいなものだからみんながいいなと持ちたがります。貝殻は腐りません。きれいな貝を持っていればみんなが欲しがるから、とりあえず貝殻に換えておけばいつでも他のものと換えることができるよ、ということになりました。

それがいまでも私たちの言葉に残っています。お金や財産に関する漢字は、すべて貝という字が使われているということなんです。「買」、「貯」、「貴」、「貧」、などなど。古代中国で貝がお金の代わりに使われていたからです。
ローマ帝政時代、兵士には給料として塩が渡されていました。塩がないと人間は生きていけないからね。まず塩を給料としてもらい、その塩を他のものに交換することができたんだよね。その塩のことをローマ帝政時代、「サラリウム」と呼んでいました。これが英語のサラリーになる。こうやって、交換する途中で仲介役になるものが生まれてきました。これがお金の発生です。

紙幣の「幣」という字、これは実は「布」という意味なんですね。つまり昔は布もお金の代わりに使われていたんだな、ということがこれでわかるわけです。そうやって代わりのもの、みんなが欲しがるものが使われていた。でも稲はいつまでも長持ちするものではありません。布も持ち歩いていれば汚れてきます。いつまでも汚れにくく、壊れたりしないものがいいよね、ということになり結局金や銀、あるいは銅が使われるようになっていったのです。

では、肉をどれくらいの金と換えられるのか。金を掘り出して、それを金貨のような形にするのにかかる社会的に必要な労働時間と、肉をとってくる社会的に必要な労働時間がイコールになる点があるはずです。そこで、肉一キロが金何グラムという比率が決まってくる、ということです。

第5講

商品から貨幣が生まれた

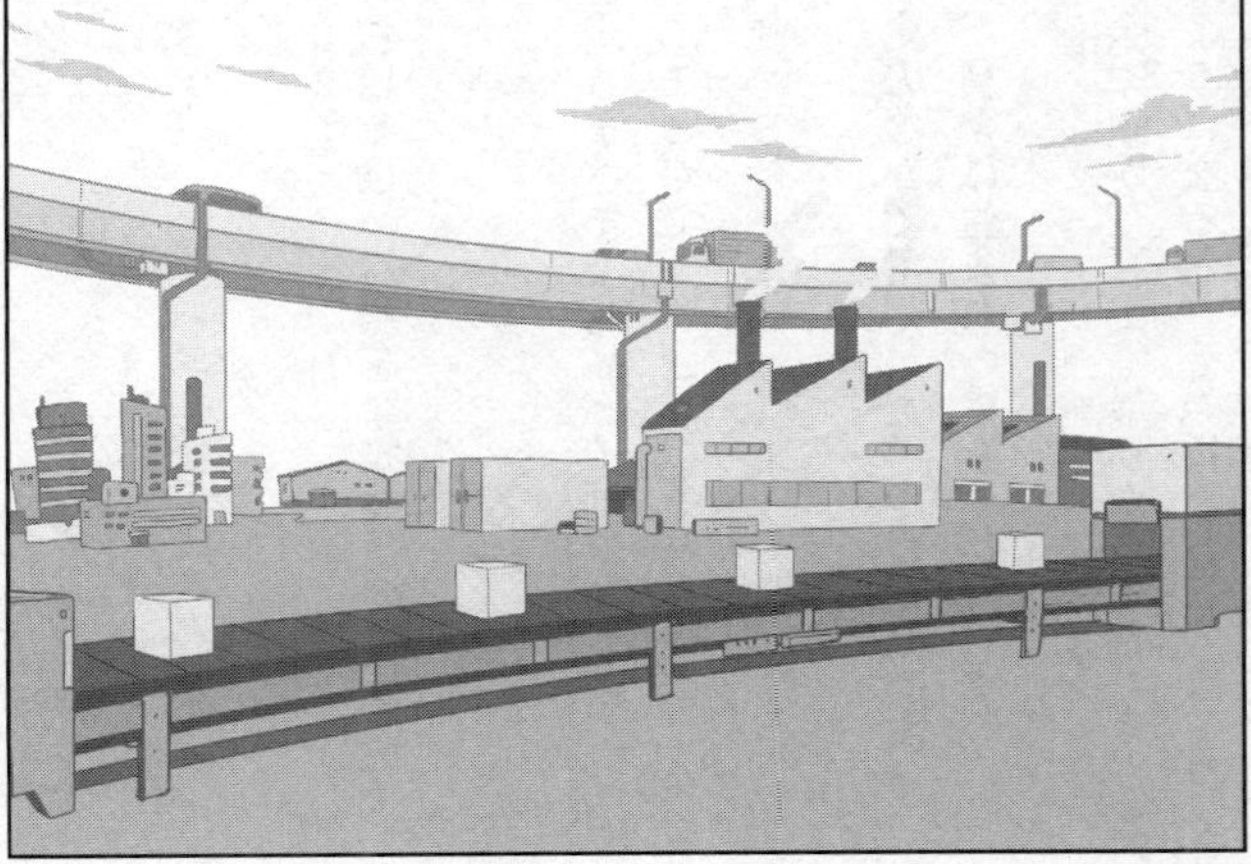

貨幣が生まれた

商品は、その使用価値の雑多な実物形態といちじるしい対照をなす共通の価値形態、つまり貨幣形態をもつということである。

いろんな商品は、使用価値に違いがあっても、さまざまな商品とイコールで結んでいくことができる。すべての商品とイコールで結ぶことができる商品、それが貨幣になるよ、と言っています。

この優越的な地位をひとつの特定の商品が歴史のなかで獲得した。それが金である。金・銀は生まれつき貨幣であるのではないが、貨幣は生まれつき金・銀である。

これも、もってまわった変な言い方ですね。金や銀が、歴史上最初から貨幣だったわけではないが、やがて社会が貨幣を必要とするようになると、その貨幣としては、金や銀が必要だった、という意味です。

つまり、先ほどの話でいえば、「A商品X量＝B商品Y量＝C商品Z量」と、さまざまな商品がイコールで結ばれてきた。その中で、「＝金何グラム」という等式も成立した。ということは、これを全部ひっくり返すと、たとえば金はP量で表わすと、金P量＝A商品X量＝B商品Y量＝C商品Z量という等式にもなる。

つまりAという商品のX量も、Bという商品のY量も、Cという商品のZ量も全部、金P量とイコールにすることができる。これは全部交換することができる。これが、「優越的な地位」というわけです。

先ほどいったように、昔はお金が稲だったり、貝だったり、塩だったりしていたけれども、そのうちやっぱり金や銀や銅がいいよね、ということになりました。「**歴史のなかで獲得した**」というのはそういう意味です。

お金というのは不思議なもので、世界のいろんなところでまったく別々に金や銀や銅がお金として使われるようになっていたのです。だから「**貨幣は生まれつき金・銀である**」。こうやって商品から貨幣が生まれました、ということです。

一応まとめをしますと、そもそも資本主義の世の中って、みんな値段がついた商品になっている。すべては商品だから、じゃあその商品の分析から始めましょう。

商品というのは使用価値があるけれども、それ以外に交換価値もある。いろんなものと交換することができる。それは社会的に分業の中で他の人にとって意味のあるものだから交換できる。さまざまなものがイコールで交換できる。交換を続けていたら、そのうちに金が交換に一番便利なものだった。すべての商品は金と交換できるようになり、金が貨幣になりました。金も、もともと商品だったわけ。商品の一つにすぎなかったんだよね。

お金の価値が下がると商品の値段が上がる

こうやって貨幣が生まれました。さっきあったようにA商品X量、B商品Y量、C商品Z量、これがイコール金Pグラムだとしましょう。ということは、もし金がたくさんとれて金の価値が半分になってしまったら、どうなるのでしょうか。

金がたくさんとれるわけだから、金を取り出すために必要な社会的労働時間は、これまでの半分になるよね。ということは、これまでの商品全部とイコールにするためには、金はPグラムではなくて、倍の量でようやくイコールになるね。

つまりお金の価値が下がると、それだけ商品の値段が上がるんだ、ということです。

逆に金が全然とれなくなってしまい、金を取り出すのにとっても時間がかかるようになると、その分だけお金の価値が上がる。すると、他の商品の価値が下がる。金の量は

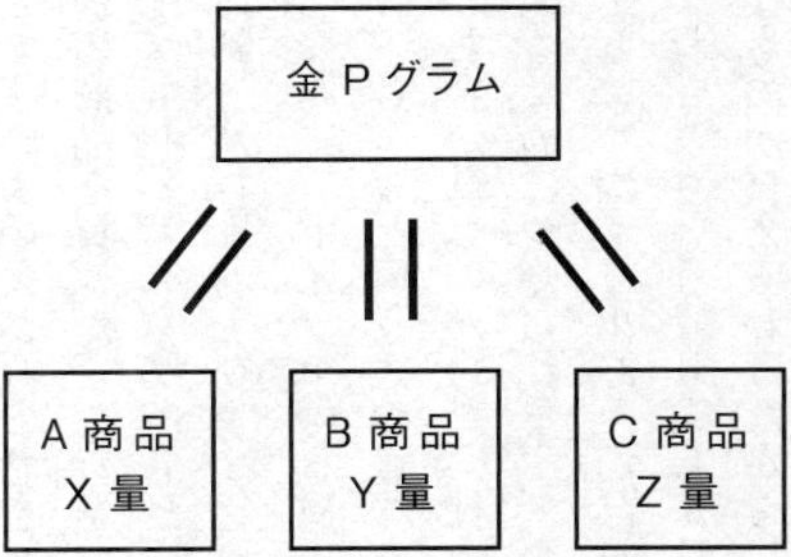

少なくても、これまでよりたくさんの商品が買えることになる、ということだよね。お金の価値が上がると商品の値段が下がる。お金の価値が下がると商品の値段は上がる。

この関係を知っておくと、インフレやデフレも理解できます。たとえばインフレは、あらゆるものの値段が上がっていくことだよね。ということは、それだけお金の価値が下がっていくことになるわけだ。一方、デフレでいろんなものの値段が下がると、いままでのお金でこれまで以上のものが買えるようになるよね。つまり、ものの値段がどんどん下がるというデフレは、お金の価値が上がっていることなんだ、ということがわかるでしょう。

商品—お金—商品

さて、いよいよお金の話をしましょう。商品をつくって売り、貨幣を手に入れて、また別の商品を買った。これをマルクスは、W—G—Wという式にしました。ドイツ語だからヴェー・ゲー・ヴェーと呼ぶのだけれど。ヴェーというのは商品というドイツ語の頭文字、ゲーというのはお金というドイツ語の頭文字です。

ちなみに、ドイツ車のBMWは、ベーエムヴェーと発音します。余計なことだったね。

W—G—Wという式の意味を説明しましょう。売るための商品をなぜつくるのかというとお金が欲しいからだ。社会的な分業の中でみんなが商品をつくるようになり、商品は売るためにつくられます。つまり他人にとって使用価値があるものをつくり出します。

そして、つくり出した商品を売りました。お金が入ります。そのお金で何か商品を買うよね。こういう繰り返しが社会全体の中で起こるようになります。お金があればいろんなものが買えるわけだから、お金を得るためにみんなさまざまな商品をつくります。

商品をつくって、それを売ってお金を得て、そのお金で何かを買う、というわけです。W—G—Wという式が、社会の中で次々に行われるようになります。

「商品の命がけの宙返り」

そうすると、何が起きるのか。

W—G。商品の最初の転身または販売。商品価値が商品の肉体から金の肉体へと飛び移ることは、（中略）商品の命がけの宙返りである。

おもしろい言い方だね。マルクスはこういう気取った言い方が好きなんだよね。商品がお金になるということは、商品の命がけの宙返りなんだって。

つまり商品を売ってお金を得るということは、実はとても大変なことなんだ、と言いたいのです。商品を売ってお金が入るということは、当たり前だと思うかもしれないけれども、売れなかったら大変。商品にとっては命がけなんだというのです。

商品の中にある価値が、商品の肉体から金の肉体へ飛び移る。つまり肉体から肉体へ飛び移る、ある本質がね。つまり商品の中にある本質が、お金の中の本質に飛び移る。

このときの本質って何だろう。

そう、労働だよね。その商品をつくり出した労働そのものが金というものに形を変えてしまったわけだ。金という肉体の中に労働が入った、だから価値がある、ということです。

私たちは、お金で商品を買うよね。コンビニに行って一〇〇〇円で買い物をしたとすると、私たちは「買った」と考えるよね。これは、実は「交換」でもあったんだ。一〇〇〇円札とコンビニの一〇〇〇円の商品を交換しているにすぎない。

商品を貨幣と交換し、その貨幣と商品を交換する。商品を売ってお金を得て、お金で商品を買うというのは、実は「交換過程」にすぎないんだよ。すべてが交換されているという交換過程なんだよ、というのがマルクスの説明です。

分業は労働生産物を商品に変容させ、そうすることで商品の貨幣への変容を必然的にする。

これがまたややこしい、難しい言い方ですが、さっき言ったように、みんな分業しているよね。洋服をつくる人は洋服をつくる人、野菜をつくる人は野菜をつくる人、そういう人たちがみんな社会的に分業して、それぞれつくられたもの、これが労働生産物ですね。その労働生産物は、分業しているわけだからみんな買わなければ手に入らないよね。つまり商品に変容するんです。

分業というのは、それぞれつくられた生産物を商品にするんだ。逆にいうと、みんなが別々の仕事をして、それぞれつくられたものをお互いに商品として買うことによってこの社会は成り立っているんだ。分業があるから成り立っている。分業によってつくられたものが商品として流通し、それをみんながお金によって売り買いしているからこうやっていまの世の中が成立しているんだよ。分業があるから貨幣が生まれる、ということです。

お金の単位は「記号」になった

貨幣は使用しているうちに摩滅し、名目上の量ではなくなる。実質的な価値と名目上の価値が分離する。だから紙幣で代用できる。紙幣は『記号』になる。

紙幣は金の記号または貨幣の記号である。（中略）紙幣は、他のすべての商品量と同様に価値量である金量を代表するかぎりでのみ、価値の記号である。

貨幣は商品価格の一時的に客観化された反射であるから、（中略）種々の記号によって代替されることもできる。


イギリスのお金はポンドといいます。イギリスでは物の重さを量るのもポンドなんだよね。つまりそもそも昔は一ポンドというお金の価値は、金一ポンドだったわけ。ポンドという重さでお金の金額を表わしていたわけ。

日本でも江戸時代は両を使っていたでしょう？　両や匁《もんめ》なんていうのを使っていた。これは重さを量る単位だよね。お金というのはもともと重さを量る単位として使われていたんだけれども、金も使っているうちにすり減ってくる。そうすると、本来の量よりも減っていても、そこに書いてある量で通用しているよね。ということは実際にそれだけの量がなくても、書かれている金額として通用するようになってくる。

ということは、次第に重さ通りでなくたっていいよ、ということになってくる。たとえば江戸時代だと、幕府が小判をつくるときに金の量を減らしてしまうわけだ。金の量を減らすけど、金額はそのままにして通用させようとした。最初はお金の金額というのは、金の重さそれ自体で名前がついていたんだけれど、次第にそれが変わってきてしまう。どんどんそれが変わってきてしまったら、単にそれは記号でしかないということになるんだよね。

たとえば一〇〇ポンドは、昔は金一〇〇ポンドだったものが、いつしか一〇〇ポンドというお金の単位にしかすぎなくなってしまった。単なる単位だよ。ドルでも円でもユーロでもいいけれど、単位にしかすぎない。それは言ってみれば記号にすぎなくなってしまった、ということなんだよね。

たとえば昔のお札《さつ》というのは兌換《だかん》紙幣。兌換というのは交換することができる、という意味だけれど、兌換紙幣という昔のお札を見ると、たとえば一〇円札を見ると、このお札を持ってくれば一〇円分の金と交換しますよ、と書いてあった。つまり金そのものを使うのではなく、いつでも金と交換してあげられますよ、という紙幣、紙を発行していた。まさに記号でしかないわけだ。こういうのを「金本位制」といいます。

そのうちに今度は金の量が足りなくなってくると、もう金に関係なくお札を発行しよう、ということになってしまいます。マルクスの時代は金本位制だったんですが、それがうまくいかなくなってしまって、第一次世界大戦以降はどんどん金本位制でなくなっていきます。

ここは『資本論』の第三巻に出てくる部分ですが、補足説明しましょう。

紙幣が生まれた

商品を交換するのに便利なものとしてやがて金がお金として使われるようになった。金貨でいろんな買い物ができるようになりました。そうすると、みんないつでも金を持ち歩かなければいけなくなるよね。近くで簡単なものを売買するには金貨でよかったんだけれども、遠くの場所と取引することを考えてみよう。

商売で遠くから商品を仕入れる。そうすると、先方にたくさんの金貨を運ばなければいけないよね。たくさんの金貨を運んでいる間に追いはぎにあうかもしれないし、そもそも重い金貨を運ぶのは大変だ。そこで、大金持ちに両替を頼む。ここから両替商が生まれる。金をたくさん持っている人に金を預けるんだ。「預かってください」と渡すと、この人が手数料を取って預かり証を出してくれます。日本の場合、金何両といつでも交換してあげます、と書いた紙を渡してくれるわけ。これがあれば、何か支払いをするときに金を持っていかないで、この預かり証を渡せばいいわけだ。

この預かり証を受け取った人は、もし金が必要になれば、預かり証を発行した両替商のところに持っていけば、紙に書いてある通りの金を渡してもらえる。だけど、いつでも持っていけば金と換えてもらえるという信頼があれば、わざわざ換えなくてもいいわけだよね。この紙を持っていたほうがいいわけでしょう。

こうして、いつしか預かり証が流通するようになるわけ。支払いの代わりに使われるようになる。これが紙幣（信用券）の発生です。世界各地で、こういう形で紙幣というものが生まれました。

この大金持ちの両替商がやがて銀行になっていったんです。たとえば日本には明治以降、第一銀行、第二銀行、第三銀行というように、順番に番号がついたんだよね。第一銀行、第二銀行、第三銀行と名前がついていきまして、それぞれの銀行が、独自に紙幣

（銀行券）を発行していました。

そのうちに悪いことを考える銀行が出てきて、それだけの金の量を持っていなくてもお札を発行すればもうかるんじゃないか、と考えてしまったわけだ。その地域で紙幣が大量に出回るようになり、「あそこの銀行、ひょっとしてちゃんと金を持っていないんじゃないか。金がなくならないうちに金と交換しよう」と考えた人たちが銀行に押しかけました。「取り付け騒ぎ」というやつだね。最初は金と換えていたんだけれど、持っている金の量よりもたくさんお札を発行したわけだから、結局全部を金に換えることができなくなってしまって、その銀行が破産してしまった。

そうすると、他の銀行に対しても、「あそこがつぶれたんなら、こっちは大丈夫かな？」と、金融不安が広がってしまった。

これではいけない、ということになって「紙幣を発行できるのは中央銀行だけ」という仕組みができました。日本の場合は日本銀行です。

「お金」だと思うからお金として通用する

兌換紙幣がただの紙切れになった段階で、まさに紙幣は単なる記号になってしまったんだね。マルクスの言う通りだ。でもみんなは昔からの伝統でそれがお金だと信じているから、そのままお金として通用するようになっている。

たとえば今ここに一〇〇〇〇円札があると、これはなぜ一〇〇〇〇円として通用するかといえば、みんなが一〇〇〇〇円の価値があると思っているから。これを「共同幻想」といいます。これはなぜお金なのか。みんながお金だと思っているからだ、という説明しかできないの。お金って不思議なものだよね。

ちなみに余談だけれども、この第一とか第二、第三という数字のついた銀行の多くは、その後つぶれてしまったり合併してしまったり、随分なくなっているんだけれど、まだ残っています。岐阜市に本店のある十六銀行や、仙台に本店のある七十七銀行など。

第一銀行は、日本勧業銀行と合併して第一勧業銀行となり、その後、富士銀行や日本興業銀行と合併してみずほ銀行となった。

私は長野県の生まれですが、長野県で昔、六十三銀行と第十九銀行が合併したんです。合併の際、両行の数字を合計して八十二銀行が誕生しました。元々鳥取にあった第八十二銀行は名前が変わっていたので、この名前が使えました。余計な話はここまで。

貨幣の機能には三つある

貨幣には三つの機能があります。

貨幣は、まずは価値尺度になります。いろんな商品に値段がついているよね。値段がついていることによって、これがどれぐらいの価値があるものかというのがわかる。たとえば、値段がいくらかわからない洋服が店先にあるとする。値札を見て初めて、「高い！」とか、「意外に安いじゃないか」とか、わかるわけだ。

お金というのは、商品の価値を表わす尺度です。これが価値尺度。当たり前といえば当たり前だよね。

それから、お金の価値は保存することができます。これをマルクスは「貨幣退蔵」という言い方をしています。貨幣を退蔵する、つまり使わずにしまっておくということね。「退蔵」という言い方をしていますけれども、現代の経済学では価値を保存することができる、という言い方になります。

たとえば肉や魚は、そのままにしておくと、腐ってしまうでしょう。でも、これをお金の形にしておけば、とっておけますね。価値を保存することができる。それをマルクスは「貨幣退蔵」という言い方をしています。

なぜ退蔵と言っているかというと、単にお金を持っているだけでは増えませんよ、という、後で資本の話をするためにあえて「退蔵」という言い方をしているのです。お金を単に持っているだけでは単なる金持ちで、資本家にはなれないよ、という意味で「貨幣退蔵」という言葉を使っています。

お金があることによって、価値を保存することができるから、私たちは、「お金はいくらあってもいい」という気になりがちです。これをマルクスは黄金欲と言っています。価値を保存することができるから、「お金があれば何でも買える」と考え、みんながお金を欲しがるんだ、と。

お金って、本来は何かを買うための手段にしかすぎないはずなのに、価値を貯《た》めるということができることによって、貯めること自体が自己目的になってしまう人がいるわけ。お金をこっそり貯めて、時々取り出してみてはニンマリしていたり、預金通帳の数字のゼロが増えるのを見ては喜んだり、という。倒錯しているよね、これって。これをマルクスは、**「黄金欲が目ざめる」**という言い方をしています。

それから支払い手段、これも当たり前ですね。何かものを買い、それの支払い手段として使われている、ということがあります。

以上の三つ以外に、もう一つマルクスが言っているのは、**「世界貨幣」**です。つまり外国、まったく違うお金の単位を使っている国々との取引の貨幣にもなるんだ、と言っています。ただしこのときには地金《じがね》の形に戻る、と言っています。地金、つまり金ですね。

最初はそれぞれの国では紙幣で使われていたでしょう? 紙幣で使われていたんだけれども、それぞれにとって共通の金にして交換することによって支払いが行われているんだよ、という言い方をしています。金本位制の当時はそういう形でいろんなものが使われていたわけだよね。世界各国との貿易の支払いのときには、もともとの金に戻るんだよ、という言い方をマルクスは『資本論』でしています。

第二次世界大戦後の国際通貨体制とは

マルクス以後の国際通貨体制はどうなったか、ここで簡単に見ておきましょう。

一九四四年、まだ第二次世界大戦の真っ最中、連合国の国々が、戦争が終わったら世界中の貿易にはどんなお金をどうやって使うか、ということを話し合いました。アメリカのブレトン・ウッズというリゾート地のホテルに集まって、そこで会議を開きました。ここで決まった通貨体制を「ブレトン・ウッズ体制」といいます。

第二次世界大戦中にヨーロッパは戦場になった。でも、アメリカだけは大規模な戦場になっていなかった。第二次世界大戦が終わった段階でアメリカが世界で一番経済力が強かった。ヨーロッパは戦争のためにアメリカからものを買うときに、金で支払いをしていました。その結果、アメリカに世界中から金が集まっていたのです。

そこで、金を一番たくさん持っているアメリカのドルを世界のお金（決済通貨）にしよう、ということになりました。一オンスという金の量を三五ドルと決め、まず世界のお金はドルにしました。ドルを世界の柱にして、たとえば一ポンドがいくら、一フランがいくらになると決めていきました。

やがて第二次世界大戦が終わると、ドイツのマルクや日本の円も加わります。

海外の国々は、支払いをするときにアメリカのドルで払います。フランスの会社がアメリカにワインを売ると、その会社はドルで支払いを受けます。ドルを受け取った会社は、フランスの銀行にドルを持ち込み、フランに替えます。こうしてフランスにはドルがたまっていきます。もしフランス政府が、アメリカ政府に対して「ドルを金と換えてくれ」と言ったら、アメリカ政府はいつでもこれを金と換えてあげる、という国際的な仕組みです。

世界の国々はドルで支払いを受けるけれど、ドルはいつでも金と換えることができる。世界的なドル・金本位体制というのをつくり出したのね。これがブレトン・ウッズ体制というもので、日本もやがてこれに参加して、一ドルは三六〇円と決まりました。

ところが第二次世界大戦後、アメリカは戦後のヨーロッパ復興のためにヨーロッパに莫大《ばくだい》な援助をしました。東西冷戦時代の中で、アメリカグループに入っているとこんなに豊かになるんだよ、ということを示すためでした。この計画を「マーシャル・プラン」といいます。ドルをヨーロッパにばらまきました。

また、アメリカはベトナム戦争で、約五〇万人もの兵士をベトナムに送り込んで、泥沼の戦争をしました。戦費の支払いは全部ドルでするものですから、世界中にドル紙幣がばらまかれてしまった。

そうすると、ヨーロッパの国々は、「こんなにドル紙幣がばらまかれて、本当に金と交換できるんだろうか。交換できなくなる前に金と交換してしまおう」と考え、フランスやイギリスがアメリカに対して「金と交換してくれ」と要求したのです。

これにはアメリカがギブアップ。一九七一年、当時のニクソン大統領がニクソン声明というのを出して、もういくらドルを持ってきても金と交換しない、と宣言をしました。この段階でドルを持っていても金と交換してもらえなくなってしまった。すっかりドルの信用がなくなってしまった。

このため、一ドルがいくらという固定相場が維持できなくなり、変動相場制になりました。その時々の国の経済力によって一ドルがいくらになるか変動するという形をとったのです。日本の場合、やがて、一ドルが二〇〇円になり、一〇〇円になっていきます。

アメリカがドルと金との交換を停止したので、ドルを持っていても金と交換してくれなくなってしまった。でも、ドルに代わる世界のお金というのがなかった。世界のどこに行ってもドルで買い物ができるという状態は続いていたので、ドルの価値は下がったけれども、いまもドルが世界のお金になっているということです。

これは『資本論』には出ていない、『資本論』よりも後の話だけれどね。お金には世界貨幣という役割もあるという話も出たので、ついでに余計な話をしました。

ここまで、ようやくお金が生まれ、お金にはこういう働きがありますよ、という話をしました。お金というものが生まれたことによって、価値を貯めることができるようになり、やがて資本家が生まれます。

お金を貯めることによって、いろんなものを買ったり、工場を建てたりすることができるようになる。価値を貯めることができるから人を雇って大きな工場をつくるということもできるようになる。

その一方で、価値を貯めることができると、それ自体が目的になってしまう人も現われる。まるでお金が神様のようになってしまう。お金に向かって手を合わせる。あるいはお金のためだったら犯罪を起こす人も出てくる。

お金のためだったらどんな悪いことだってやる、という人も出てくる。お金というのがそういう魔力を持ってくる。

ということで、貨幣というのはとても便利なものだけれど、何となく危険なにおいもする。何が起きるか、というのを、この後取り上げましょう。

ここまでの復習

ここまで『資本論』の実際の文章を読んでみると、不思議な文章でしょう。こういう文章って、最近の若い人は読んだことがないんじゃないかな。「何でわざわざこんな言い回しをするんだろう」と。

『資本論』には、ギリシャ哲学の話も結構入っています。アリストテレスがああ言ったとかこう言ったとかいう話も、読んでいくといろんな注釈が一杯ついていてね。ヨーロッパの思想家というか、ものを考える人たちって、ギリシャ哲学とか、ローマ時代の思想とか、そういうものが基本にあるんだよね。そしてキリスト教思想だよね。旧約聖書、新約聖書。そういうものをベースにして思想家というのは物事を考えているのです。

だから今後あなたがヨーロッパの思想家の本に取り組むときには、そういうものがベースにあるんだな、ということを考えながら読んでいくといいと思うよ。

そもそも『資本論』というのは、私たちが暮らしているこの社会が、どうしてこのようになっているのかな、ということを経済学の観点から分析した本です。

最初は訳のわからない文章から始まっていたよね。巨大な商品集積、商品の集まり、商品の集合体という言い方で。つまり世の中を見て回ると商品ばっかり。すべて売り物で値段がついている。世の中すべて商品だ。なので、この世の中のことを分析するためには、まず「商品って何だろうか」というところから研究していこう、という話だったね。

つまり、「人間ってどんな生き物だろうか」ということを調べるためには人間を構成している細胞のひとつひとつを調べていけばいいように、「商品ってそもそも何だろう」と調べていくと、商品ばかりでできているこの世の中が見えてくるんじゃないか、というので、ではその商品を調べてみよう、というのがマルクスの考え方でしたね。

ではその商品って何だろうかというと、商品には使用価値と交換価値があるんだ、という話をしたね。

商品がなぜ商品かというと、使って役に立つから。使用価値があるからだよね。ミカンがなぜ商品かというと、食べておいしいからだよね。みんなそういう使用価値があるから商品なんだ。

そして、Aという商品をX量、Bという商品をY量、Cという商品はZ量、これがみんなイコールで交換できるのは、共通した交換価値があるからだ、という話でした。

どうしてあるAという商品とBという商品、みんなまったく違う商品が交換価値がイコールでつながっていくかというと、ここにはそもそもみんな人間の労働というものがあるからです。労働によって役に立つものにつくり替えられているから、これはみんなイコールになるんだ、という話をしました。

そして、いろんなものが交換されていく中で、交換する上で便利なものとして、金や銀が仲介役として使われるようになり、これが貨幣になった。貨幣から紙幣も生まれてきたよ、という話をしました。

そしてこれはみんなイコールのお金と換えられます。W―G―Wですね。全部同じ、イコールの価値、等価といいます。商品を売ってお金を手に入れた。そのお金で何か商品を買った。ということはイコールだよね。それでまたGになりWになり、となっていきます。というところまでやりました。

第６講

貨幣が資本に転化した

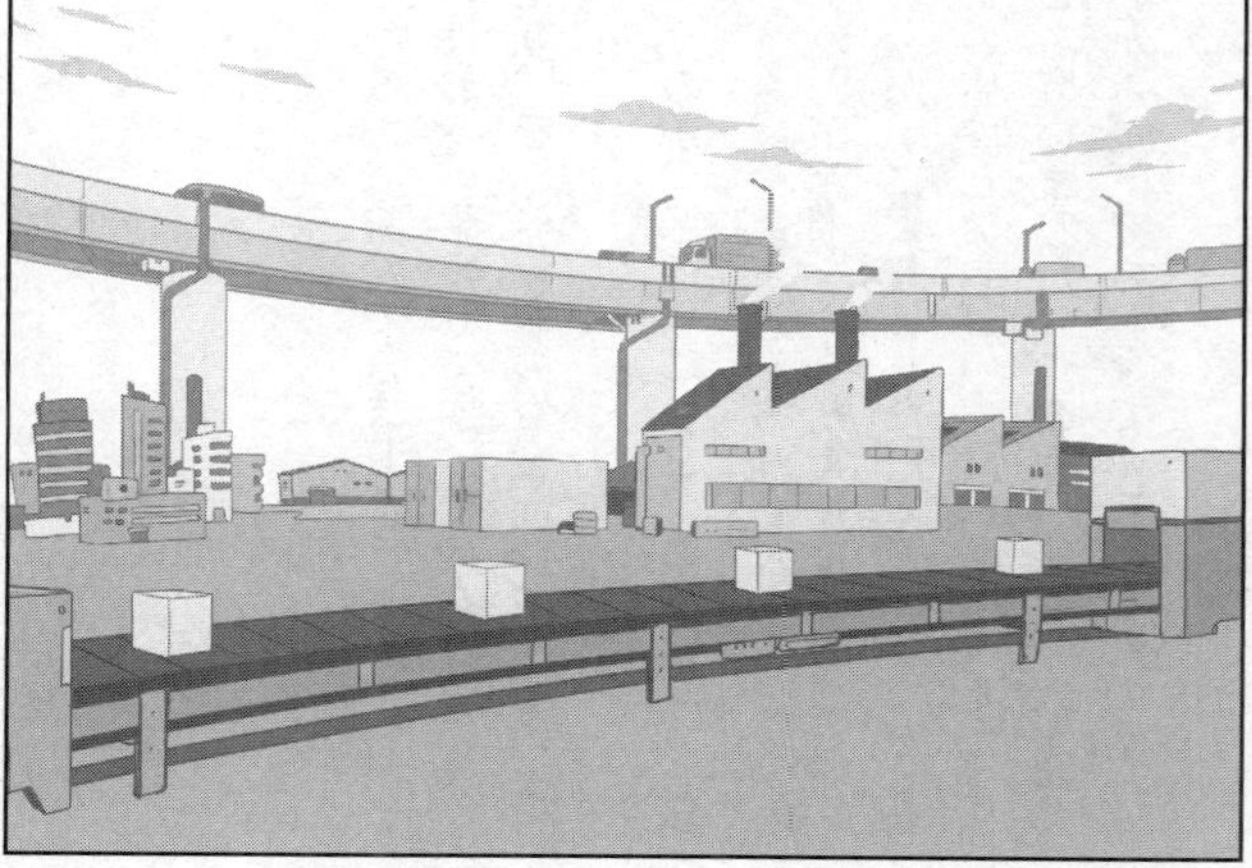

価値は増えていく

これまで、商品から通貨、お金が生まれたところまで読んできました。次には貨幣がついに資本になるという話です。資本というのはお金の集まりです。そのたくさんのお金で工場を建てたり、いろんな機械をつくったり、そういうものも全部ひっくるめて資本といいます。

では、お金からどうやって資本が生まれていくのか、ということを、この第6講で扱います。

まずW―G―Wを見ていくと、たとえば農家の人がお米をつくりました。商品をつくったね。お米をつくってそれを売りました。お金が手に入りました。そのお金でテレビを買いました。そういうふうに考えると、お米の値段とテレビの値段はイコールだよね。お米をつくり、それでお金を手に入れてテレビを買いました。つまり、農家の人がなぜお米をつくっているかというと、お金が欲しいからだ。そのお金でいろんなものが買えるからお米をつくっているわけだよね。

普通につくっている人たちはW—G—Wなんです。それぞれ使用価値が異なるからこの交換が成り立ちます。ところが、こういうことをいろんな人が繰り返しているうちに、G—W—Gということをやる人が出てきます。最初にまずお金があって、そのお金で商品を買い、その商品を売ることによってお金を手に入れる。お金そのものを手に入れたいという動きをする人が現われる、ということなんです。

W—G—Wではなくて、G—W—G。これももちろん等価交換なんだけれど、お金を増やしたくて、お金でまず何か商品を買い、それを誰かに売ることによってお金を増やしていきたい、と考える人たちが現われるわけ。

だけどここだけ見ると、これは全部等価交換だから、これだけでは、お金が増えない。「何やってるんだよ」という話だよね。どうするか。

この人は商品を買うんだけれど、この商品をもっと高く売れるものにして、GではなくてG′にするんだ。G′というのはもともとのGプラス、Gのちょっと増えた分。プラスアルファだな。お金である商品を買い、それをより価値のあるものに加工して高く売る。そうするとお金が増えた。この増えたお金でまた何か商品を買って加工して、これをより価値のあるものにしていこう。こういうことをする人が現われる。お金自体を増やそうという人、これが資本家だということです。

最初に投じられた価値は流通の中で保存されるだけでなく、流通の中でその価値の大きさを変化させ、剰余価値を付加する。すなわち価値を増殖させる。そしてこの運動が価値を資本に変容させるのである。

とあります。つまり、GがWからG′になった。「最初に投じられた価値は流通の中で**保存されるだけでなく**」、保存される、つまりそのまま残る。GがWになってG′になったけれど、このG′のGの部分は元のGと同じだよね。それが最初に投じられた価値は流通の中で保存されると。だけどそれだけじゃない。価値の大きさを変化させる。つまり価値が増えた。新しく増えた価値、これを剰余価値といいます。Gプラスの分です。つまり「**価値を増殖させる**」ということは価値が増えていくということだね。こうやって価値がどんどん増えていく。これが資本になるんだよ、ということです。単にお金を持っていて、それを商品に換えて、その商品を売って、前のお金をそのまま手に入れただけでは、意味がない。どうせならそれを増やしたい、というわけだね。つまり、これが資本ということです。価値が増えていく。Gというのは単なるお金なんだけど、それで何か商品を買い、それに付加価値をつける。価値を増やしてこれまで以上のお金に増やす。剰余価値を生み出す。こういう運動を始めたお金のことを資本と呼ぶんです。

単にそこにあるお金だけだったらお金でしかないんだけれど、いろいろなものを買って価値を増やして自分がどんどん増えていこうという運動をする。そうするとこの時点で、単に貨幣、単なるお金だったものが、資本になる。貨幣が資本に転化する。貨幣が資本に変わるというのはこういうことだとマルクスは言っています。

W―G―Wという、単に商品を貨幣にして、また商品に、というだけだったら、買い物をしているだけにすぎない。でも今度はお金からスタートして、商品を買い価値を増やしてお金を増やしていく、という運動に変わったとき、これは貨幣が資本に転化したということになる、ということなんです。ではその部分の文章を読んでみましょう。

資本としての貨幣の流通は自己目的である。なぜなら価値増殖はたえず更新されるこの運動の内部にしか存在しないからである。資本の運動にはしたがって際限がない。この運動の意識的な担い手となったとき、貨幣所有者は資本家となる。(中略)抽象的な富をより多く手に入れることが彼の行為を支える唯一の動機であるかぎり、彼は資本家として、あるいは意志と意識をもつ人格化された資本として機能する。したがって使用価値はけっして資本家の直接の目的として扱われるべきではない。それどころか個々の利潤ですらその目的とはいえず、目的はただひとつ、利潤の休みなき運動である。

「資本としての貨幣の流通は自己目的である。なぜなら価値増殖はたえず更新されるこの運動の内部にしか存在しないからである。資本の運動にはしたがって際限がない」

何のこっちゃ。資本としての貨幣、どんどん価値を増やしていこうとなった段階で、貨幣は資本になったよね。資本としての貨幣、それは、自分が増えていきたいよ、というまさに自分の目的、自己目的でしかないんだよ。商品を買い、商品をまた価値のあるものにして売るという、これを運動というんだけれど、この運動の中で資本がどんどん増えていく。

で、いったん増え始めると、その運動には際限がない。ここまでで終わりとはならないよ、ということだよね。いったんお金が増え始めると、もっと増やそう、もっと増やそうという運動が広がっていきます。どんどん資本が大きくなっていくんだよ、ということです。

資本家が登場した

「この運動の意識的な担い手となったとき、貨幣所有者は資本家となる」

ここでついに資本家が登場しました。単にお金を持っている人は、資本家とは言わない。

「**意識的な担い手**」ということは、単に商品を買って、またお金を得るのではなくて、「ここで価値を増やしてお金を前より増やそう」と考えるようになったとき、その人は資本家になるということだね。「**意識的な担い手**」ってそういうことなんだ。単にお金を持っているだけじゃなくて、このお金で何かを買って、もっと価値を増やしてから売る。そうすると最初に持っていたときよりも多くのお金が入ってくる。お金がどんどん増えていく。つまりお金が資本になるわけだよね。それを意識的に、つまり一生懸命やろうとする人、その人が資本家なんだよ、ということです。

この資本家は、「**抽象的な富をより多く手に入れることが彼の行為を支える唯一の動機であるかぎり**」、つまり抽象的な富って、お金のことだよね。お金ってそれだけだと、いろんなものを買うことができるけれど、お金自体が空腹を解消してはくれない。「**抽象的な富**」ってそういうことなの。お金それ自体を着ることもできない。それで着る物や食べる物を買うことができるという、「**抽象的な富**」でしかない。

だから「**抽象的な富をより多く手に入れることが彼の行為を支える唯一の動機であるかぎり**」、つまり、とにかく増やしたい、増やすことが唯一の目的になると、それが「**唯一の動機であるかぎり、彼は資本家として、あるいは意志と意識をもつ人格化された資本として機能する**」。

持っている富を「もっと増やしたいな」と一生懸命努力する資本家は人間ではあるけ

れども、実は資本が人格化されたものなんだよと言っています。

もともとは人間が資本家になるんだけれど、とにかくこの資本を増やしたい、増やしたい、ということに一生懸命夢中になると、いつしかその人は人間というよりは、お金を増やすために努力をするものになってしまった。それが「**人格化された資本**」です。人間が資本家になるのではなくて資本が資本家という人間になってしまう。人間性を失い、お金を増やすためだったら何でもやるよ、というものに変わってしまうよ、ということなんだ。

資本家一人一人を見ると、とってもやさしい人もいる。思いやりがあり、自分の会社で一緒に働く従業員のことを思いやっている。従業員に対する思いやりがあるわけだよね。従業員が困らないように給料もなるべく増やしていきたいな、と思っているんだけれど、その人が資本家として「とにかく増やしていかなければいけない。増やしていかないと会社が成り立たない」というふうに考え始めると、いつしか会社経営がうまくいかなくなったら、「従業員の給料が高すぎるからだ。従業員の給料を減らそう」と考えるようになる。会社を守るためだったら従業員の数を減らしてしまう。

最初のうちは「あの人に仕事がないならかわいそうだ。じゃあ、うちの会社で雇ってあげよう」なんて思っていたかもしれないけれど、いつしか資本を増やすためだけに一生懸命になり、冷酷な人間として「サッサと首を切ろう」という人になってしまうよ、ということを言っているわけだ。

人間が資本家になったはずなのに、ふと気がついてみたら資本というお金の化け物が人間の形になっていた。これが資本家なんだよ、というふうに言っています。マルクスは『資本論』の最初で、別に資本家の一人一人が悪いわけじゃないんだよ、ということをわざわざ言っています。

いわゆる資本家の人たちは、人間的には、個人的には、あるいは家庭のお父さんやお母さんとしてはとってもいい人かもしれない。ただ、お金を増やそうと考えていると、どんな人でも結果的に資本家として冷酷なことをせざるをえなくなる。だから個別に「あの資本家は悪いやつ」と言っているわけではない。経済の動きとして自然にこういうふうになってしまうんだよ、ということを言っているんです。

したがって使用価値はけっして資本家の直接の目的として扱われるべきではない。それどころか個々の利潤ですらその目的とはいえず、目的はただひとつ、利潤の休みなき運動である。

「使用価値はその資本家の直接の目的として扱われるべきではない」、つまり最初はお金で何かみんなに役に立つ商品をつくり出す。つまり使用目的を考えてつくるわけだよね。だけど、それが売れて価値が増えてお金が増え、「とにかくお金をもっともっと増やそう」となると、最初は「この商品をつくってみんなに役に立つようにしよう」と思っていたけれど、そのうちにもうかるものなら何でもつくる。中にはひょっとして世の中のためにならないかもしれないけれど、「もうかるんだったら構わないや」と言っていろんなものをつくり出してしまう。使用価値があろうとなかろうとやっちゃうよ、ということだ。

資本家はお金の奴隷になる

たとえば産地偽装事件を思い出してもらうといいかな。みんなにおいしいウナギを食べてもらおうと思って国産のウナギを仕入れて売っていた。売れるともうかる。すると、安心して食べられるおいしいものをつくってみんなに供給しようという使用価値をめざした理想が、いつしか、「売れればいいんだ」、というふうに変わってしまうことがありうるわけだよね。マルクスはそれを言っているわけだ。

最初は使用価値を考えてつくっているんだけれど、いつしか使用価値なんかどうでもよくなってしまう。産地偽装があちこちで次々に起きたでしょう。あれは、もちろんそれぞれの経営者がいけないという話なんだけれど、どうしてあんなにたくさん出てくるんだろうか。それはこういう動きの中に入ってしまうと、人間は一人一人はいい人であっても、いつしか「資本を増やさなければいけない」という、お金の奴隷になるからなんだね。

資本家でありながら、実はお金のための奴隷となって、「増やすためだったら何をやってもいいや」という形になってしまう、ということをマルクスが言っているわけです。マルクスの指摘が、いまでも通用するんだね。

その後も、非常にマルクスらしい言い方をしています。

価値はたえず貨幣と商品という二つの形態を交互にとりながら、自分の身の丈を変化させ、もともとの価値としての自分自身から剰余価値としての自分を排出し、自分の価値を増殖していく。

まず貨幣が商品になり、また貨幣になり商品になり、お金—商品、お金—商品という二つの形を次々にとりながら、「**身の丈を変化させ**」、つまり増えていくわけだ。お金がどんどん増えていく。もともとの自分よりも剰余価値をさらに増やし、これによって自分の価値を増殖していく、ということをここでは言っています。

お金である商品を買った。これは等価交換。その後、この商品に何か変化が起きて、それを今度は前より価値の多いものに換える。ここでもまた等価交換が起きた。ということは、商品を買って売る段階で、価値が増えているわけだ。さあ、どうして価値が増えたんだろうか、ということをこれから考えます。

第７講

労働力も商品だ

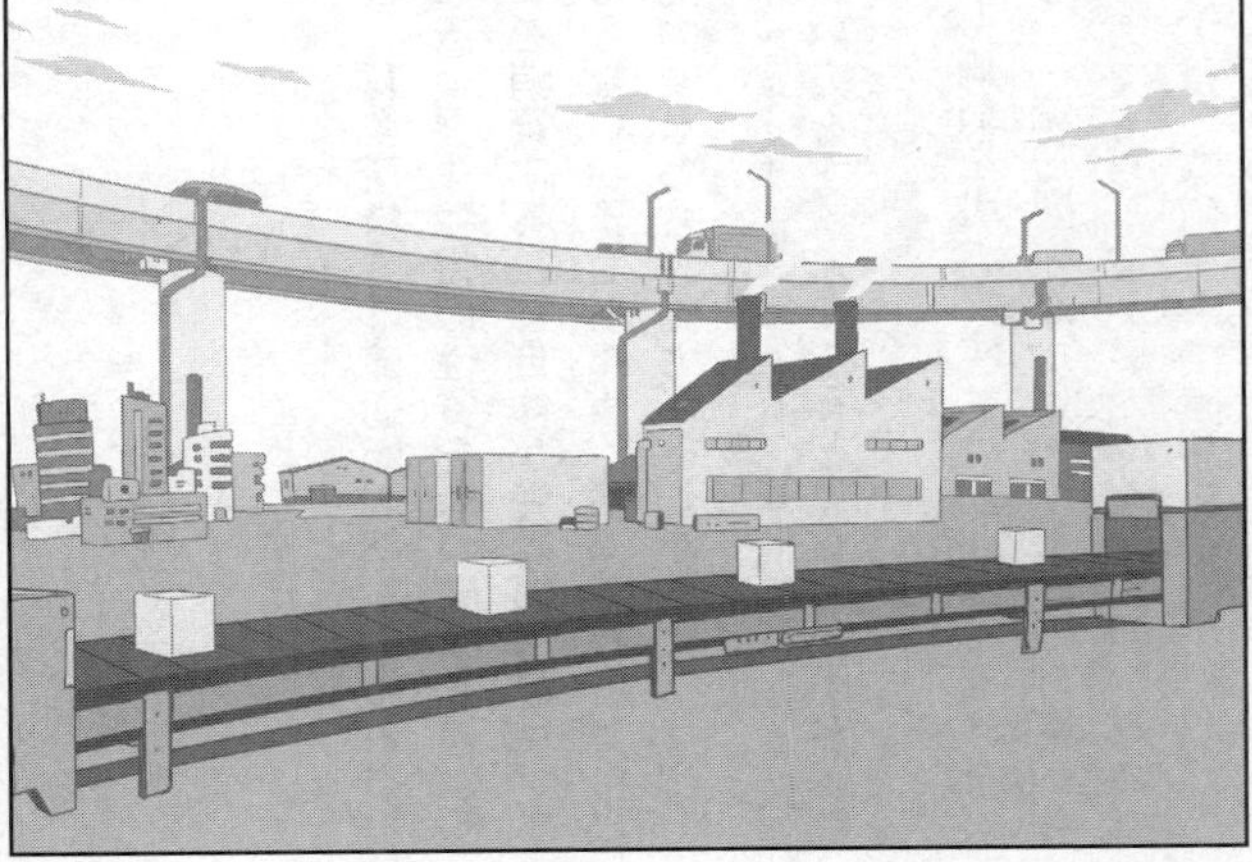

「労働力」を買ってくる

ある商品の消費から価値を引き出すためには、貨幣所持者は流通圏内部すなわち市場において、その使用価値自体が価値の源泉となるような独特の性質をもつ商品を運よく発見する必要がある。その商品は、現実にそれを消費すること自体が労働の対象化、すなわち価値創造となるような商品でなければならない。そして事実、貨幣所持者は市場でこのような特殊な商品を発見する——労働能力すなわち労働力がそれである。

またわかりにくいよね。何でこんな難しい言い方をするんだろうと思うのですが、これは、つまりこういうことです。

「貨幣所持者」とは資本家のこと。資本家が、「価値を引き出す」つまり金もうけをするためには、どうしたらいいか、という話です。「流通圏内部」ということは市場において、要するに普通に売り買いをする市場と考えてもらっていいんですけれど、そこで商品を買います。当然のことながら等価交換ですね。等価交換で商品を手に入れて、それを使うと、「**使用価値自体が価値の源泉となる**」、買った商品を使うことによって新しい価値が生まれる。そんな独特の商品を見つけることによって価値は増えるんだよ、と言っているわけだ。

つまり、お金を持っている人が、そのお金で商品を買いました。その商品を使いました。使ったら価値が増えてしまった。価値が増えてしまえば、それは高く売れるよね。そこで利潤が得られる。剰余価値が得られる。

さあ、使うことによって増えてしまう、そんな特別な商品ってあるのだろうか。実はそれが労働力だ、ということです。

どういうことか。資本家が、新しい商品をつくろうと考えます。価値を増やそうとするよね。資本家がたくさんのお金を持っていて、まず工場をつくり機械を据え付けました。ここにお金が使われているよね。工場をつくるお金、それから工場の値段、機械の値段、これは資本家が持っていたお金で買った等価交換だよね。

ここから新しい商品が生み出された。この商品を売ったら、その売上げが、工場を建てたり機械を据え付けたりしたときに払ったお金を上回るんだ。だからこそ会社は成り立っているわけだけど。

そのときに何をやっているかというと、商品を製造する際に、労働者を雇っているわけだ。工場を建て、機械を据え付け、そこで働く労働者を雇い、それから加工する原材料を買います。原材料を機械で加工します。加工する仕事をしているのは労働者。労働者がここで仕事をし、新しい商品が生まれた。この商品を売ったら、何と工場や機械、原材料、労働者を手に入れるのに払ったお金以上のものが入ってしまった。

まあ当たり前だよね。工場というのはそういうことをやっているわけだから。

たとえば自動車工場でいえば、自動車はいろんな部品から成り立っていますから、多数の部品メーカーから仕入れます。タイヤメーカーからタイヤを買い、自動車のガラスをガラスメーカーから買い、鉄板を製鉄会社から買う。そうやって部品を買って組み立てて商品になると、部品を全部足した金額よりも高い値段で売れるよね。完成した自動車は、部品の集まり以上の価値あるものになるんだ。

どうやって高い価値をつくり上げたかというと、その自動車会社で働いている労働者たちが自動車を組み立てたからだよね。そこに労働力があったわけだ。つまり、資本家というのは、工場を建てたり、機械を買ってきたり、原材料を買ってくるのと同じように、労働力を買ってきてここで製品をつくらせる。するとその製品は、買ってきたものよりも高くなる。こうやって資本家は金もうけをしているんだ、ということなんだね。

工場や機械や原料の価値は、それぞれ完成品の自動車の中に少しずつ含まれているよね。そもそもこの価値というのは、労働者の過去の労働。その価値は労働時間によって測られるという話をしましたね。工場をつくるときだって、機械をつくるときだって、タイヤやガラスをつくるときだって、そこにいろんな人の過去の労働が入っているわけだから、それぞれの価値があります。だけど、それを組み立てて売ると、より高く売れる。ということは価値が増えたわけだ。

さあ、どこで価値を増やすことができたかというと、たとえば機械は、自分の価値の一部を完成品に移すことはできるけれど、何か新しいものをつくり出すわけではない。誰が新しいものをつくり出しているのか。工場で働いている労働者だ。

労働者の労働力を買って働かせたことによって、新しい価値が生み出されたんだ、ということがここでわかるわけね。

もう一度さっきのややこしい文章を読んでみましょう。

「**ある商品の消費から価値を引き出すためには**」、ある商品の消費というのはこれだよね。工場とか機械とか原材料とか、これはみんな商品なわけだ。商品として買ったわけだよね。これを使って新しいものをつくり出すということは、これを商品として消費するということでもあるわけ。いろんな機械や工場を、商品を買って、それを使って新しい製品を生み出そうとしているわけだから、これは実は消費になるわけだ。

だけど「**使用価値自体が価値の源泉**」、つまりそれを使うことによって新しい価値が生まれるという独特の性質を持つ商品を発見する必要がある。それはつまり労働力なんだよ、ということだ。労働力というものも買ってくるわけ。他の商品と同じように労働力も買ってきて働かせることによって初めて新しい商品が生まれる、ということになります。

では、労働力を持っているのは誰か。労働者なんだよね。働いている人たちが労働者だ。労働者が働いているということは、実は自分の労働力を売っているということになるんです。労働者そのものを買うんじゃないんだよ。労働者そのものを買ってしまったらそれは奴隷なんだよね。

昔は奴隷の売買ってあったでしょう。人間そのものを売買していた。あれは人間そのものが商品だったわけね。労働者そのものが商品だった。ここはそうではないの。労働力を商品として売買しているだけ。労働者そのものを売買するのではない、労働者が持っている労働力だけを売買するんだよ、という話なんだよね。

労働者は「自由」である

労働力が商品として市場に現われるのは、ひとえに労働力がその持ち主である個人、すなわちその所持者自身によって商品として提供ないし売却されるからであり、また提供ないし売却されるときだけである。労働力の所持者が労働力を商品として売却できるためには、その所持者はその労働力の自由処分権をもっていなければならず、自分の労働能力の、あるいは彼という人物の自由な所有者でなければならない。そのような彼と貨幣所持者とが市場で出会い、対等な商品所持者としてたがいに関係を結ぶ。両者を区別するのはただ一つ、一方が売り手で他方が買い手だということだけであり、したがって両者は法的に平等な人格である。

「労働力が商品として市場に現われるのは」、つまり労働者が、「私の労働力を売ってもいいですよ」と言って現われるのは、「ひとえに労働力がその持ち主である個人、すなわちその所持者自身によって商品として提供ないし売却されるからであり、また提供ないし売却されるときだけである」。

　もってまわった言い方だね。要するに「労働力を売ってもいいですよ」という人が現われて初めて労働力を買うことができる。

「労働力の所持者が労働力を商品として売却できるためには、その所持者はその労働力の自由処分権をもっていなければならず、自分の労働能力の、あるいは彼という人物の自由な所有者でなければならない」

　と書いてあります。つまり封建社会ではこんなことはできなかった、ということだね。一人一人の人間は、王様の所有物のようなものだったから、自分の力を自由に使うことができなかったわけだ。封建社会ではこういうことがなかった。

ところが、資本主義社会では、みんながどこで働こうと自由なわけだ。実際問題としてそうなっているかどうかはともかく、法律に違反しない限り自由だよね。どこで働こうが自由です。「職業選択の自由」があります。

働くということは、実は自分が持っている労働力を相手に売るということなんだ。自分の労働力はどこで売ろうが自由だよ。労働力を自由に処分できる人たちがいて初めて、資本主義経済は成立する、というふうに書いてあります。

みんな一人一人が、「あなたの労働力を誰に売ろうと自由ですよ」という社会になる。でも、労働力を売ること以外に生活の糧を持たない人たちが大勢現われる。そうなって初めて、こういう資本主義の仕組みというのは成り立つよ、とマルクスは言っています。

そのためにはどうしたらいいか。「自分の労働能力はいくらでも自由に処分できますよ」という人と、「貨幣所持者とが市場で出会い、対等な商品所持者としてたがいに関係を結ぶ。両者を区別するのはただ一つ、一方が売り手で他方が買い手だということだけであり、したがって両者は法的に平等な人格である」。

「法的に平等」、つまりお金を持っている資本家と、労働力を持っている労働者、この人たちは法的に平等だということです。

両者は法的に「平等」

日本でも、大企業の資本家であろうと、そこで働いている新入社員であろうと、法的には平等です。悪いことをすれば誰だって捕まるし、選挙があればどちらも一票を持っています。税金もちゃんと払わなければいけない。法的にどちらもまったく平等です。

この平等な両者が出会う。資本家にしてみれば「新しい工場をつくるから労働力が必要だな。じゃあ、労働力を買おうか」と、労働力を買うために貨幣を用意しました。その一方で、「お金が必要だから自分の労働力を売ってもいいですよ」という労働者がいる。その両者がバッタリ出会った。「私があなたの労働力を買います。労働力を売ってくれませんか」、「わかりました。じゃあ、労働力をあなたに売ってあげましょう」。

ここで等価交換が行われるわけだ。常に商売は等価交換だよね。これはイコールなんだ。市場で出会う。この市場のことを現在では労働市場といいます。雇用市場という言い方をする人があるかもしれません。

現実にはどうやって行われているかというと、たとえば高校を出て就職をする、大学を出て就職をするときには、「高卒の新卒者、あるいは大卒の新卒者を採用したいな」という会社がそれぞれの高校や大学に求人票を送って、「試験を受けてくれませんか」

と呼びかけ、生徒や学生が、「じゃあ、受けに行きましょう」。そういうことを、「市場」という言い方をするわけね。

あるいは仕事を探している人が、ハローワーク（公共職業安定所）に行くと、ハローワークには求人票があるよね。「労働力を求めています」ということを求人票で出している。そうすると、労働力を持っていて「働きたいな」という人がハローワークに行って、「何か自分に合う仕事がないかな」といって見つけて、「あっ、これがいいな」と思ったら、その求人しているところに出向いていくでしょう。で、面接をするよね。その結果、「はい、採用しました。じゃあ、働いてください。給料はこれだけですよ」、「はい、いいですよ」と言うよね。「給料はこれだけですが、あなたを採用します」。提示された給料の額に不満だったら、そこで働かなければいいわけでしょう。

そこで「働いてもいいですよ」ということは、自分の労働力を、一か月分の給料と交換してもいいですよ、ということを承認したわけだ。その時点でこれは等価交換だよね。あくまで形式的にはこうやって、お金を持っている資本家と、自由な労働者とが、貨幣と労働力を等価交換している。これがいまの世の中なんだよ、ということ。

何だか変な感じ、不思議な感じがするけれど、建前としてはこの通りでしょう。

貨幣所持者が労働力を商品として市場で発見するための第二の重要な条件は次のこと

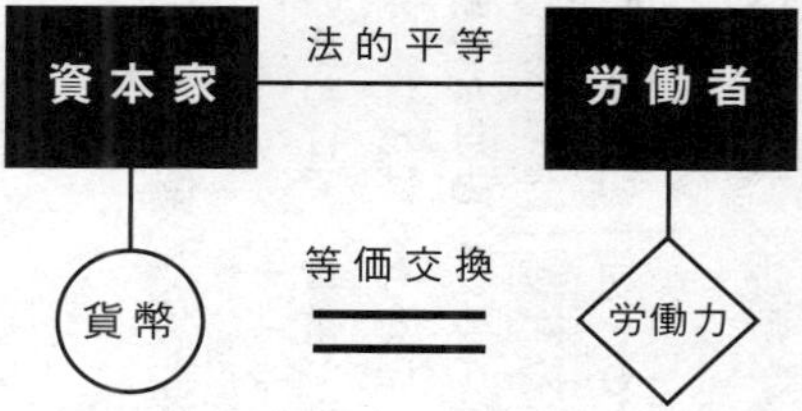

である。すなわち労働力の所持者が、自分の労働の成果たる商品を売ることができずに、自分の生きた身体のなかに存在している労働力自体を商品として提供しなければならないということである。

もしこの労働者が、自分で商品をつくって誰かに売ることができていれば、この労働市場には現われないわけだ。たとえば農家でいえば、農家の人が自分で野菜とか果物という商品をつくってそれを誰かに売ることができれば、自分の労働によって商品をつくり出しているわけだから、何もここで働く必要はないよね。だから農家の人ではない。あるいは自分で商品をつくって売るということができれば、その人は自営業だから、そういうことができない人、どこかに勤めて働くしかない人、そういう人だけがここに出てくるんだよ、ということをここでは言っているんです。自分の生きた身体の中にある労働力自体を商品として提供しなければいけない。そういうことしかできない人だけがここで労働者になるんだよ、というふうに言っています。

「自由な」労働者が必要

というわけで、貨幣が資本へと変容するためには貨幣所持者は自由な労働者を商品市場で見つけねばならない。この自由〔フライ〕には二重の意味がこめられている。一つは労働者が自由〔フライ〕な人間として自分の労働力を自分の商品として処理できるという意味、もう一つは彼が労働力以外に売るべき商品をもたず、労働力を現実化するために必要な一切合切をもちあわせていない〔フライ〕という意味である。

「というわけで、貨幣が資本へと変容するためには貨幣所持者は自由な労働者を商品市場で見つけねばならない。この自由〔フライ〕」、自由ってドイツ語でフライと言うんですが、英語にするとフリーです。これは掛《か》け詞《ことば》なんだよね。「この自由〔フライ〕には二重の意味がこめられている。一つは労働者が自由〔フライ〕な人間として自分の労働

力を自分の商品として処理できるという意味」、つまり私がどこで働こうと自由ですよ、私の労働力はどこに売ることもできますよ、という意味で自由な労働者でなければいけない。

「**もう一つは彼が労働力以外に売るべき商品をもたず、労働力を現実化するために必要な一切合切をもちあわせていない〔フライ〕という意味である**」、労働力以外のものから「自由」という意味なんだね。日本語ではこうならないんだけれど、ドイツ語や英語だと、フライまたはフリーは、「何かからの自由」という意味もあります。英語のフリーというのは、「私たちはフリーだ、自由だ」という意味の他に、「スモーキングフリー」のフリーという意味がある。

アメリカの空港だと、「スモーキングフリー・エリア」という場所がある。

かつては日本人がこの表示を見て、「あっ、タバコを吸うことが自由なんだ」と勘違いしてタバコを吸って怒られたということがあるんだけれど、スモーキングフリーというのは、禁煙という意味なのね。「ここで吸ってはいけません」。スモーキングからフリーだよ、タバコの煙からフリーだよ、という意味なのね。スモーキングフリーは禁煙という意味になります。

つまりフリーには二つの意味があるわけです。とっても自由だよ、何をやっても自由だよ、という意味と、何かからの自由、という意味があります。英語でもドイツ語でも同じなんだよね。マルクスはドイツ語で本を書いているものだから、ドイツ語の掛け詞になっているわけ。この労働者というのは二重の意味で自由なんです。「自分の労働力を誰に売っても自由だよ」、まさにフリーなんだよね。

その一方で労働力以外に売るものがない。生産手段とかそういうものを持っていない。そういう生産手段からフリーなんだ。だから労働力を売るしかない。これを二重の意味で自由だよ、という言い方をしています。日本語に訳しにくいけど、二重の意味で自由な労働者がいるからなんだよ、ということになります。

労働力の交換価値と労働力の使用価値差

労働者を雇って労働させたことによって新しい価値が生まれる。新しい価値を生んでいるのは労働者の労働力だ。ここで労働力の交換価値と労働力の使用価値との差という問題が出てきます。

どういうことかというと、資本家がいろんな機械を買った。部品を買った。材料もいろいろなものを買った。労働力も買った。それによって新しい商品をつくり出して売ったら、前よりも増えていたよね。この買った労働力を使った労働によって価値が増えたわけだ。資本家は労働力にお金を払ったにすぎないんだけれど、その労働力を持っている労働者は、そこで働いたことによってより多くの価値を生み出した、ということになるわけだよね。

労働によって新しい価値を生み出す。労働力を使った、つまり労働力を消費したということは、労働者に働かせたという意味なんだけれど、労働者を働かせることによって価値が増えた。それを経済学的にいうと労働力を消費したというわけだ。消費したら増えてしまった。それが人間の労働力、労働なんだよ、ということになります。

労働力の価値はいくらか

問題は、労働力はいくらなのか、ということだ。労働力はいくらか。つまり労働力の交換価値だ。商品の価値って何で決まると言ったっけ。そう、労働時間だよね。シャープペンシルに価値があるのは、そこにそれをつくり出す労働時間が入っているから。ということは、労働力の値段というのは、その労働力をつくり出す時間によるわけだ。

労働力をつくり出すって変だけれど、労働者が一日働くとクタクタにくたびれ果ててしまう。つまり労働力（使用価値）を消費しきってしまったわけだ。ということは、また翌日出てきてもらうためには、元気になってもらわなければならないね。つまり、その労働力を再生産してもらわなければいけない。元気になれば、また翌日も労働力を売ることができるわけだ。つまり労働力の価値というのは、労働者が翌日も元気になってその工場にやってきて働けるようにする、そのためにかかる費用なんだよ。

たとえば家に帰って夕飯を食べなければいけないから、当然その夕飯のための材料を買ってこなければいけないよね。それを料理して食べる。翌日元気で働くためにはちゃんと寝るところがなければいけないよね。屋根があってちゃんと温かい布団があって、そこでゆっくり七時間や八時間、たっぷり寝て、翌日また朝ご飯を食べて、「さあ、元気に出ていこう」ということができるようにならなければいけない。そのための費用が労働力の値段です。

たった一人だったらそれでいいよ。二〇代の独身だったらそれだけでいいけれど、社会全体で見ると、それだけでは成り立っていかないよね。その人たちはやがて家庭を持つよね。結婚をする。で、赤ちゃんが生まれたりすると、当分の間は奥さんが専業主婦をやらざるをえないよね。そうすると専業主婦の奥さんの生活費の分も、男性（夫）の労働者の再生産費には入ってくるでしょう。子どもを育てなければいけないから、子どもを育てる費用も入ってくる。子どもは教育を受けなければいけない。読み書きができないと工場労働者として働けないから、読み書きを学ぶための教育費というものも入ってくるよね。

そういうふうに考えると、労働者が働いてもらっている月給って、労働力の再生産費だったんだ、ということなんだよね。労働力の再生産費、この給料でまた明日も元気で来てくださいよね、という給料をもらって一生懸命働く。そして一生懸命働くと、その労働力の価値以上の価値を生み出してしまうわけだ。労働力を売ったことによってまったく新しい価値が生まれる。いわゆる剰余価値というのが生まれていくんだよ、というのがマルクスの理論なんだ。

資本家が払っているのは労働力の再生産のためでしかないわけだ。労働力の再生産費を払っているということになるわけだよね。その金額は、もちろん社会によって違うよ。開発途上国だと、ものすごく安いでしょう。食べる物も着る物も、何でもものすごく安いから、労働力の値段つまり労働者の給料も安いわけだ。

逆にいうと、物価が高い社会では、給料も高くなるということだよね。それぞれの社会によって、労働力の再生産の費用というのは変わってきます。マルクスが言っているのは、あくまで社会全体の平均的なことを言っているわけだからね。

たとえば日本の正社員の例で見ると、若い新入社員のときは給料が少ない。そのうち次第に増えてくるよね。これってまさに労働力の再生産費なんだよ。二〇代の独身だと家に帰って食事して翌日出てくるだけだから、費用はそんなにかからない。ところが結婚して扶養家族ができると、扶養家族を養うために再生産費が増えるね。そうすると、扶養家族手当というのがつく。給料が増えるんだ。

子どもが段々大きくなってきて、高校受験だ、大学受験だ、「私学なんか受けたら学費どうしよう」なんて親がちょうど悩む頃に、親が課長や部長になって給料が増えるんだよ。日本の終身雇用制では、年齢が上がっていくにしたがって給料が増えていく。これはまさに労働力の再生産にぴったり合っているということになるよね。

資本家と労働者は「対等」だ

資本家と労働者は対等ということになっているけど、現実には対等ではないよね。労働者が会社に行って、「おい、俺を雇え」と言ったって、雇うかどうかは会社が決めることだ。だけど、市場というのは、需要と供給で値段が決まる。この場合の市場には、労働市場も含まれます。

「買いたい」という人がいて、「売りたい」という人がいると、売買が成り立つわけだよね。だから逆にいうと資本家が、「大勢の労働者を雇いたい」と考える一方で、「そこで働いてもいいよ」という人がうんと少なければ、需要と供給の関係で、この労働力の価値は上がるよね。

だけどその一方で、「働きたい」という人が大勢いて、「労働者を雇いたい」という会社が少なければ、需要と供給の関係でいえば労働力の価値は下がってしまう。

需要と供給の関係でいつも上がったり下がったりはしているけれども、社会全体で見ると、その労働力の価値というのは基本的にはその再生産、労働力の再生産の費用です。つまり労働者が人間的な生活をして家庭を持ち、子どもを育てていく。次の世代の労働者をまたつくっていく。基本的にそれだけのお金を払っていかないと社会は成り立っていかない。そのお金が労働力の値段なんだよ、ということだよね。

マルクスは「搾取」を発見した

同じ労働者でも、職種によって給料が違ったりするよね。非常に単純な誰でもできるような労働は給料が少ない。だけどコンピューターを駆使したりして、非常に複雑な仕事をする人は給料が高いよね。それは労働力を生産するときに、高度なことができるような教育を受けているからだよね。その教育費にお金がかかっているわけだ。その分だけこの労働力は高くなりますよ、ということになるわけだ。

封建時代は有無を言わさず無理矢理働かせて、こき使う、奴隷労働のようなことをさせていたよね。資本主義はそうではないんだ。「労働者のみなさん、あなた方は自由です」と言われると、建前としては、たしかにそうなんだよね。

「どこで労働力を処分していただいても構いません」、「みんな自由で平等なんだ」。自由と平等だという建前の下で労働者が働いて、労働力以上の価値を生み出しているということが起きる。これが資本主義の秘密なんだよ、ということ。マルクスはそれを発見したということですね。

たとえばの話、四時間働くと労働力の再生産の費用分はつくり出したことになるかも知れない。労働者を四時間働かせたことによって労働者の労働力分の給料はここで出ました。その後、さらに四時間働かせた。ここの部分が新しい価値になるということなんです。この部分がつまり剰余価値になる、ということです。

資本家は労働者を雇って労働者に働かせた。労働力の分だけの価値を稼ぐ時間、これが「必要労働」ということになり、それ以上の分が「剰余労働」ということになる。労働者の労働力の給料分は、たとえば四時間働かせれば、それでもう、つくり出したとする。「でも八時間、君には働いてもらうという契約なんだから、あと四時間働いてよね」。あとの四時間でつくり出したものは、みんな会社のものになる。これが剰余労働。つまり、労働者は自分の労働力分以上の価値を生み出す。本来のものよりもうんと価値のあるものを生み出すということです。

こういうことを「搾取」といいます。搾取って搾るという意味だよね。レモンを搾るように、搾り取るということだ。労働者から労働を搾り取って資本家がもうけているというイメージです。

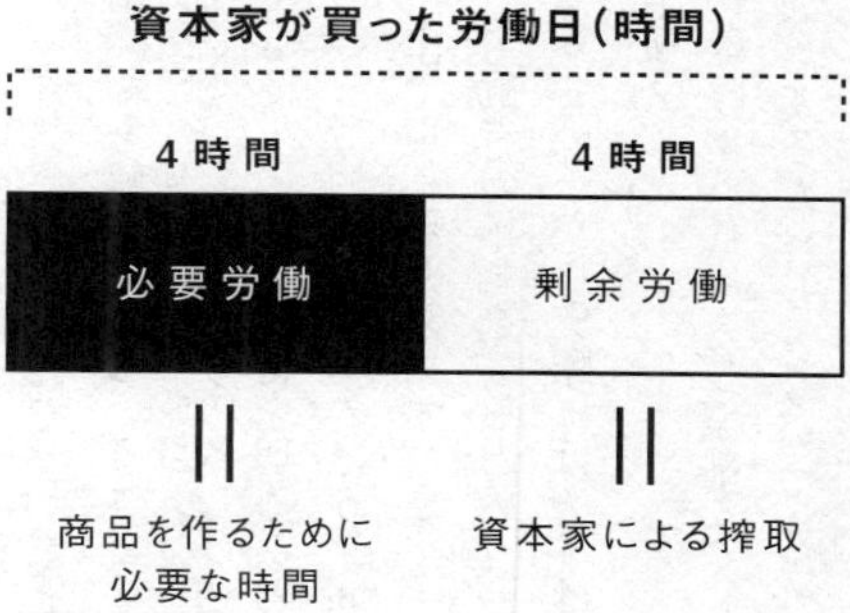

でも、資本家は別に悪いことをしているわけじゃないんだ。法律に違反していないよね。資本家はちゃんと労働力を買うという等価交換しているわけだから。労働力を等価交換して働かせることによって価値を得た。その分だけ利益をむしり取った。搾取した。だけど別に法律に違反していない。自由な取引だよ、という形になっている。これが資本主義なんだ。資本主義の秘密はここにあったんだ、というのがマルクスの発見でした。

労働者と会社は契約を結ぶ

労働者は、会社に就職するときに、会社との間で必ず契約を結びます。法的にはまったく対等な立場で。

労働契約書というのは、会社の社長さんと

契約を結ぶわけではないんだ。会社と契約を結ぶという形になっている。法律上まったく対等なの。対等だから、逆にいうと労働者は、「私はもうこんな会社にいるの、いやだ。辞めますよ」ということが自由にできます。

一方、会社は会社で、「あなたにはもう働いてもらわなくて結構ですよ」と言って雇用契約を解消するということもできるわけだ。

だけど、全部自由ですよ、平等なんだから、ということにしてしまうと、会社がいつでも簡単に社員の首を切ることができるようになり、社会は不安定になります。雇われている労働者の立場のほうが弱いわけだから、そういうことがないようにと、いろんな法律や規制があります。

労働者の権利を守るという法律があるけれども、それは資本主義が「平等ですよ」と言っていながら実際にはそうはなっていないから、弱い立場の労働者を守ろうという法律があるわけだ。

そういう仕組みを全部なくして、「労働力を売りたいという人と買いたいという人が売買するだけじゃないですか。お互い対等ですよ」と言われると、「ああ、その通りだ」と思っちゃうよね。でも実際には労働者はその労働力を売らないと食べていけないよね。一方、雇う側は、別にこの人でなくてもいいわけだ。他の人を雇ってもいいわけだ。つまり圧倒的に会社のほうが強い立場にいるんだけれど、建前だけでいえば、「資本主義はたしかに自由で平等ですね」ということになるわけだ。これが、マルクスが『資本論』で言いたいことです。

以上のまとめ

基本的にすべての商売の取引というのは等価交換、同じ価値のものを交換するわけだよね。だから資本家という人はそのお金で工場を買ったり、機械を買ったり、原材料を買ったり、労働力を買ったりして、それで働かせることによって新しい価値を生み出す。そうすると価値が増えた。それはどうしてかというと、労働力に秘密があったからだ。労働力を売った労働者が、そこの工場で働いたことによって新しい価値を生み出した。だから資本家は、労働力を買って労働者に働かせることによって新しい価値を生み出す。これが剰余価値。そうやって新しい価値が生まれると、その価値を元にまたどんどん増やしていこう、増やしていこう、という運動が起こる。

資本家というのは一人の人間なんだけれど、まるでお金の集まりである資本の奴隷のように、ひたすら働いて資本そのものを増やしていこうという動きがどんどん広がっている。これが資本主義社会だという話です。

第８講

労働力と労働の差で搾取する

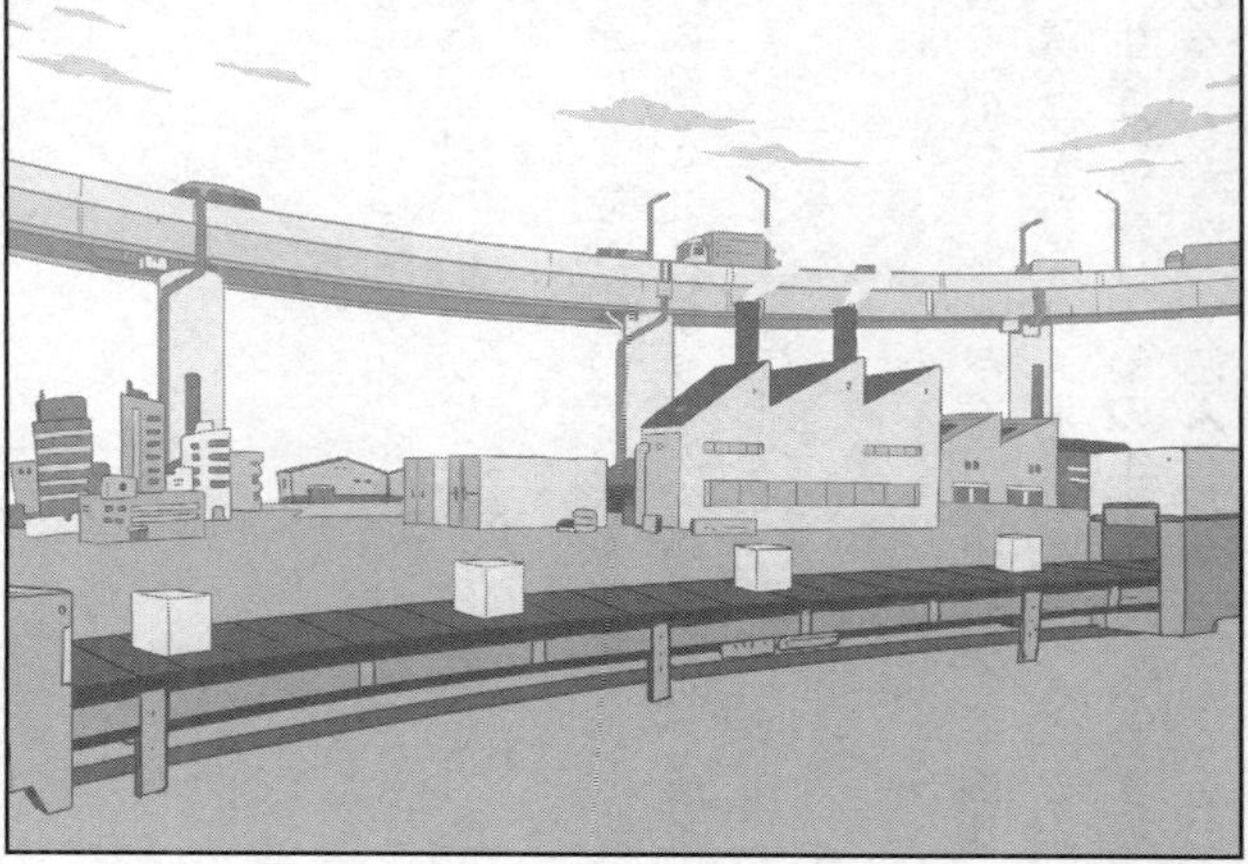

個人消費と生産的消費

労働力の買い手つまり資本家は、労働力の売り手、つまり労働者を働かせることによって労働力を消費する。このとき人間というのは、自然に働きかけることによって自然を変化させるとともに、自らも変化していきます。

たとえば農業なら土を耕すという自然に働きかけることによって自然を変化させ、穀物を得て、野菜を得て、果物を得る。そのように働くことによって、労働者自らも成長したり、いろんな経験を積んだりして変化していくよ、ということです。ここからまたマルクスの文章を読んでみましょう。

労働はその素材的要素、その対象、その手段を消費し、食べ尽くす。それゆえ労働は消費過程である。この生産的消費が個人消費と異なる点は、個人消費が生産物を生きた個人の生活手段として使い果たすのに対して、生産的消費は労働の生活手段、活動する労働力の生活手段として使い果たすところにある。したがって個人消費が生産するもの

は消費者自身であり、生産的消費が生み出す結果は消費者とは区別される生産物である。

また訳のわからないことを言っているよね。もってまわった表現をしていますが、言っていることは簡単な話です。つまり労働って、自動車をつくるなら自動車のさまざまな部品を消費するわけだ。自動車部品を消費することによって新しい自動車をつくる。それはさまざまな材料、労働の対象を消費するということなんだけれども、それを消費することによって、実は新たなものを生産することになる。だからそれは生産的消費なんだよ、ということです。

一方、個人が自分だけのために消費するのは、食べてしまえばおしまい、というところが違う。個人的な消費と生産的な消費というのは、同じ消費という言葉が入っているけれど、違います。個人消費は、食べてしまえば、使ってしまえばそれでおしまい。生産的消費というのは、労働力を消費しながらいろんなものに対して働きかけることによって新しいものをつくり出す。それが生産的消費なんだよ、というふうに言っています。

労働者の生産物は労働者のものではない

労働者は第一に彼の労働が帰属する資本家の監督下で労働をおこなう。第二に生産物は資本家の所有物であり、直接の生産者である労働者の所有物ではない。資本家はたとえば労働力の日当価値を支払う。その労働力の使用権は、他のすべての商品、たとえば資本家が日借りする馬の使用権と同じように、その一日については資本家に帰属する。商品を買った人に商品の使用権は帰属する。(中略)労働者が資本家の仕事場に足を踏み入れた瞬間から、彼の労働力の使用価値、すなわち労働力の使用たる労働は資本家に帰属する。

労働者は資本家に雇われて労働力の生産的消費をします。では、どういうふうに働くかというと、「労働者は第一に彼の労働が帰属する資本家の監督下で労働をおこなう」。これは当たり前だよね。

資本家に労働力を売ったわけだから、売った労働力というのは資本家のものだよね。その日一日、資本家のものです。だから資本家の下で働きなさい、というわけだ。労働力を売ってしまったんだからしょうがないよね。その日一日、資本家の監督下で労働します。

「第二に生産物は資本家の所有物であり、直接の生産者である労働者の所有物ではない」、これも当たり前だよね。

自動車会社で働いている社員は自動車をつくり出す。「ほら、俺がつくった自動車だぜ」と言っても、そのつくった自動車は、労働者のものではないよね。それは自動車会社のものだ。だから自分のものにはならない。労働者の所有物ではない、というのはそういうことです。

「資本家はたとえば労働力の日当価値を支払う」、その日その日の給料を払います。それを払ったことによって資本家はその労働力の使用権を得るんだ。

「その労働力の使用権は、他のすべての商品、たとえば資本家が日借りする馬の使用権と同じように、その日一日については資本家に帰属する」、資本家がたとえば馬を借りれば、その馬を自由に使えるのと同じように、労働力の使用権というのは、資本家のものですよ、と。

もちろん労働者は自由な個人だよ。資本家のものではありません。人間としての労働者はね。だけど労働力の使用権は、その日に関しては資本家のものですよ、ということです。

「労働者が資本家の仕事場に足を踏み入れた瞬間から、彼の労働力の使用価値、すなわち労働力の使用たる労働は資本家に帰属する」

労働者の労働力というのは本来労働者自身のものなんだけれど、その使用権を資本家に売ってしまったのだから、資本家の所有する工場に入って、その工場で働くときには、資本家の言う通りに働かなければいけませんよ、ということだね。勤務時間中にサボって遊びに行ったり、ゲームセンターに行ったりするようなことはだめだよ、と。もちろん休憩時間中はいいよ。本来決まった休憩時間中はいいけれど、工場で働いている最中に工場を抜け出してゲームセンターに行ってゲームなんかをやっていると、これは、売ったはずの労働力を労働者が使ってしまっているわけで、これは盗みになるわけだ。自分の労働力なんだけれど、労働力の使用権を資本家に売っているわけだから、その日一日資本家のもの。その労働力を自分が別のことに使ったら、それは資本家からものを盗んだことになるんだよ、ということなんだね。

労働力というこの商品が、価値の源泉、しかもそれ自身の価値以上の価値を生み出す源泉となるという特殊な使用価値をそなえていた。（中略）（ここにおいては、）商品交換の諸法則はいっさい破られていない。等価物が等価物と交換された。資本家は買い手としてすべての商品に価値どおりのものを支払った。

つまり資本家はお金と労働力を等価交換しただけですよ。商品交換の法則は破られていませんよ、ということだね。

「死せる労働」と生きた労働の合体

資本家は貨幣を、新しい生産物の素材として、あるいは労働過程の諸因子として役立つ商品へと変容させ、死んだ対象性に生きた労働力を合体させる。それによって資本家は価値、すなわち対象化された過去の死せる労働を資本へと、すなわち増殖する価値、命を吹き込まれた怪物へと変容させる。そしてこの怪物は、まるでその身体に恋心でもやどしているかのように「はたらき」始める。

非常に文学的な表現と言えなくもないよね。要するにこういうことです。労働者が工場で一生懸命働いています。材料にいろいろ働きかけて労働をしているわけだね。そこにある部品は、過去に誰かがつくったはずだ。それをマルクスは「死せる労働」と言っています。死んだ労働だよ、と。死せるって、もう終わったという意味ですね。

つまり、かつて別の労働者が一生懸命労働したことによってでき上がった品物、それは労働によってつくられたもの。労働時間が入っているから価値が入っているよね。それができ上がってしまったもの。それは言ってみれば昔労働がつぎ込まれたことによってできたものだから、これをたとえとして「**死せる労働**」と言っています。

一方、それを使っていま労働者が働いている。いままさに働いているわけだから、これは「生きた労働」になるわけだ。「死んだ労働」に対して「生きた労働」となります。ここで労働力が合体します。労働力が合体すると、これまでよりももっと新しい価値あるものに生まれ変わったよね。新しいものになった、「**増殖する価値**」、つまり「**命を吹き込まれた怪物**」と言っているわけだ。つまり死んだとか生きたとか、命を吹き込まれた怪物と言って、フランケンシュタインみたいなイメージだね。ゾンビのようなフランケンシュタインのような。

死んだものに一生懸命働きかけたら、死んだ労働と生きた労働が合体したことによって、新しい怪物が生まれた。これがまた「**はたらき**」始める、と言っています。

つまり、これが資本なんだよね。前につくられた機械とか部品とか材料とか、そういうものと生きた労働が合体することによって新しい価値が生まれた。これが新しい資本になったわけだよね。つまり価値が増えたわけだから、これを売ることによって新しいお金が得られるわけでしょう。その分だけ増えるよね。それでまた新しいものを買ってまた増えていく。どんどん増えた。前より増えてさらに大きくなろうとしている。これってまるで怪物みたいだよね、というたとえを使ったわけだ。

死んだものと生きたものが合体したら大きくなった。それがまたさらに大きくなろうとしていく。まるで怪物みたいじゃん、という話ね。「そしてこの怪物は、まるでその身体に恋心でもやどしているかのように『はたらき』始める」。

「もっと大きくなりたい」というわけだ、恋心というのは。吸血鬼がもっと新鮮な血が欲しいと、新鮮な血を求める。フランケンシュタインが自分をつくり出した博士を襲うように、これがどんどん大きくなっていくんだよ、というように非常に文学的な表現をしたというわけです。これが資本主義だよ、というふうに言っているんだよね。

不変資本と可変資本

マルクスは資本というものを不変資本と可変資本というものに分けています。

そもそも部品や機械には、価値が含まれています。工場で新たに生産物を生産することによって、部品や機械に含まれていた価値が移転しています。これは、前と変わらない価値があるものだから、不変資本と呼びます。

一方、労働者が生きた労働で新しく価値を生み出した分、この部分が新しく生まれたわけだよね。変化するもの、これを可変資本という言い方をしています。

労働力は自分の価値以上に価値を生み出します。だから可変資本というのです。

第9講

労働者はこき使われる

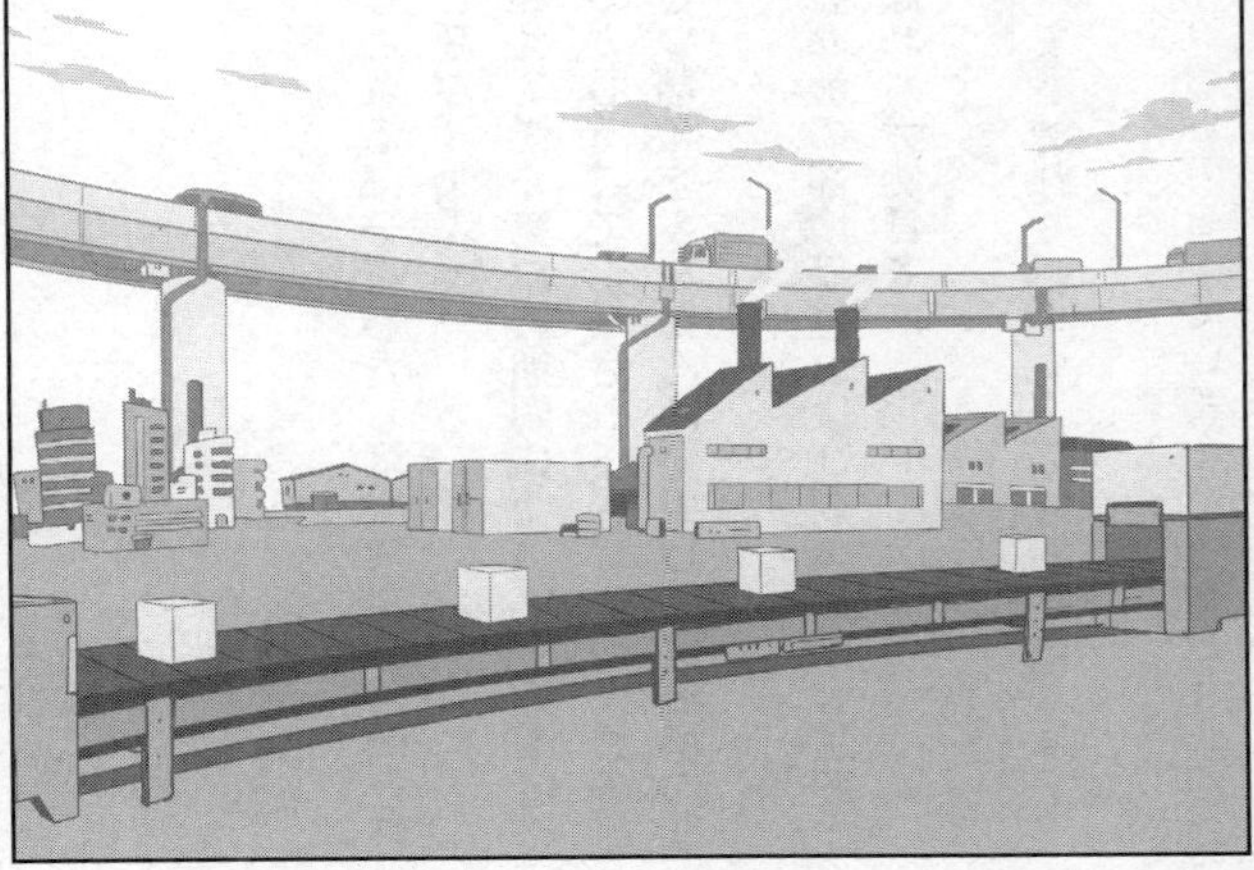

必要労働と剰余労働

労働日のこの部分、すなわち再生産がおこなわれる部分をわたしは必要労働時間と呼び、この時間内に支出される労働を必要労働と呼ぶ。（中略）労働過程のうち労働者が必要労働の限度を超えて働く第二の期間についても労働者に労働、すなわち労働力の支出は課されるが、しかしそこで形成されるのは彼のための価値ではない。形成されるのは無からの創造がもつ魅力をふんだんに発揮して資本家にほほえみかける剰余労働である。

必要労働と剰余労働の合計、すなわち労働者が彼の補塡価値および剰余価値を生産する時間の合計が彼の労働時間の絶対量——すなわち労働日である。

ここで取り上げる内容は、すでに前までの章でも触れています。おさらいを兼ねて、見ていきましょう。

ここでいきなり、「労働日のこの部分」という言い方をしています。労働日というのは、労働者が働く時間のことです。一日に何時間働くか、それを労働日という言い方をしています。

働いている一日の時間のうち、労働力の再生産が行われる部分、これを**必要労働時間**といいます。その労働力の価値以上に働いた部分、これが**剰余労働**である、と。必要労働と剰余労働の合計が一日の労働日になりますよ、と言っているわけだね。これまでのマルクスの説明が理解できていれば、ここで言うことは、当たり前といえば当たり前の話ですね。

必要労働というのは労働者の再生産に必要な時間だよね。労働者の再生産、すなわち労働力のお金分だけ働く。それが必要労働。ここでは「**労働者が彼の補塡価値**」と言っている。補塡というのは、つまり失われてしまったものを補う。疲れ果てた労働者を元気にさせる、労働力を再生産するということだね。それからそれ以外の剰余価値を生産する時間、その合計が労働日ということになります。

労働者をなるべく長時間働かせたい

働く時間、これが労働日だ。一日は二四時間なので、一日に二四時間以上働かせることはできない。一日の労働時間は二四時間よりは短いに決まっている。では何時間なんだろうか、というのがこの後のちょっと長い文章です。

資本家は労働力をその日当価値で買いとった。その一労働日の間、労働力の使用価値は資本家のものである。つまり資本家は労働者を一日中自分のために働かせる権利を手に入れた。しかし一労働日とは何なのか。少なくともそれは自然の一生活日よりは短い。では何時間短いのか。その極限、労働日のやむをえざる限界について資本家は独自の見解をもっている。資本家としての彼は人間の姿をとった資本にすぎない。資本家の魂とは資本の魂である。ところが資本はたった一つの生の衝動しかもっていない。すなわち自分の価値を増殖し、剰余価値を作り出し、その不変部分である生産手段を用いてできるだけ大量の剰余労働を吸いとろうとする衝動である。資本は死せる労働であり、それは吸血鬼のように生きた労働の血を吸いとることによって生きる。吸いとる量が多ければ多いほどそれだけ多く生きのびる。労働者が労働する時間は、資本家が買いとった労働力を消費する時間である。労働者が自分の意のままにできる時間を自分のために消費すれば、労働者は資本家のものを盗んだことになる。

「資本家は労働力をその日当価値で買いとった」。そうだね。資本家は労働力を買ったにすぎないんだ。

「その一労働日の間」、つまりその日の労働時間の間、「労働力の使用価値は資本家のものである」。労働力の使用価値って、その労働力を使うことによって新しい価値を生み出すわけだよね。だから、その労働力の交換価値である給料を払ったわけだ。

貨幣の支払いはあったたね。交換価値は払ったんだけれど、その使用価値を使って労働力が新しい価値を生み出すわけだ。その使用価値はその日一日は資本家のものです、と。資本家が自由に使います、と。「つまり資本家は労働者を一日中自分のために働かせる権利を手に入れた。しかし一労働日とは何なのか」。

つまり一日に働かせる時間とはどのぐらいのものなのか。

「少なくともそれは自然の一生活日よりは短い」、自然の一生活日、つまり二四時間のことだ。二四時間よりは短いよね。

「では何時間短いのか。その極限、労働日のやむをえざる限界について資本家は独自の見解をもっている」

独自の見解だって。つまり労働者とは違う、世間一般とは違う見方を持っているらしいよ。

「資本家としての彼は人間の姿をとった資本にすぎない。資本家の魂とは資本の魂である。ところが資本はたった一つの生の衝動しかもっていない。すなわち自分の価値を増殖し、剰余価値を作り出し、その不変部分である生産手段を用いてできるだけ大量の剰余労働を吸いとろうとする衝動である。資本は死せる労働であり、それは吸血鬼のように生きた労働の血を吸いとることによって生きる。吸いとる量が多ければ多いほどそれだけ多く生きのびる。労働者が労働する時間は、資本家が買いとった労働力を消費する時間である。労働者が自分の意のままにできる時間を自分のために消費すれば、労働者は資本家のものを盗んだことになる」

資本家はなるべく長時間働かせたい、ということだよね。資本家が労働者に払っているお金というのは労働力の再生産費にすぎない。労働力の再生産費を払っているわけだから、なるべく雇った労働者を徹底的にこき使いたいわけだ。何とかその労働時間を増やしたい。資本家としてはその時間を増やしたいと考えるし、労働者はヘトヘトになって病気になって死んでしまったら元も子もないから、何とかそれを短くしたいと考えるわけだよね。

だから、資本主義が生まれて、なるべく長時間、労働者を働かせたいという資本家と、「人間的な生活がしたい」、「無理矢理長い時間働かせるな」という労働者の間の戦いの歴史があった、ということになるんですね。

剰余労働によって社会は豊かに

ただし、気をつけておかなければいけないのは、剰余労働は必要ない、ということではないんです。

労働者が決まっている労働時間の中で自分の労働力の価値の分だけ働く。これが必要労働だよね。それより多くの分を働きました。これが剰余労働ですね。剰余労働によってここから生み出されたものが剰余価値です。これが資本家によって搾取されているという話をしました。

では、搾取されないで、剰余労働時間を働くのをやめてしまえば搾取はなくなって万々歳か、というと、実は万々歳ではないんだよね。「労働力の価値の分まで働いたんだからもういいじゃないか。これ以上働く必要ないよね」と言ってもいいはずだ。だけど、「働かないでよかった。搾取されないでよかった」ということには実は必ずしもならないんです。

どうしてだろう。それは新しい価値を生み出していないということになるからです。労働者が、「労働力の価値の分だけ働きました。もうそれ以上働きません」と言うと、新しい価値が生まれなくなるからです。

G—W—Gの式で見ると、いつまでたってもG—W—G—W—Gが続くことになる。これだと、社会全体の価値、富は増えていかないでしょう。

実は労働者が必要労働以上に働くことによって、G—W—G′—W′—G″という形で社会の富は増え、社会は段々豊かになっていくのです。そういう意味でいえば、「搾取されているから搾取はいけない」、「こんな分は働く必要はないんだ」と考えて労働者が働かなくなると、社会の富はそれ以上増えない。社会全体が豊かにはなっていかない、という問題があります。

労働者が働くことによって経済が発展し、社会が豊かになってくる。だから資本主義経済によって、世の中は封建時代に比べてはるかに豊かになった。どうして豊かになったかというと、労働者がこうやって剰余価値をどんどん生み出していたから。それによって社会全体が豊かになってきた、ということです。

剰余価値を生み出すことは、社会全体のためにはいいことも非常に多いわけだよね。それによって私たちは豊かになって便利に暮らせるようになった。マルクスの時代よりはいまのほうがはるかに豊かになっている。それは、労働者が剰余価値を次々に生み出してきたからなんだよね。

だから問題は、労働者は剰余価値を生まなくてもいいんだ、ではなくて、働き方の問題だ。労働者がどうやって人間として扱われて人間的に働いて新たな価値を生み出し、社会全体が豊かになっていくか、という問題なんだよね。

この剰余労働時間から、「剰余価値率」という考え方が出てきます。剰余労働時間を必要労働時間で割り算したものです。たとえば剰余労働時間が四時間で、必要労働時間

が四時間なら、四割る四で、答えは一〇〇%です。剰余価値率は一〇〇%です。

剰余価値率とは、つまりそれは搾取率だ、といわれると、たしかに搾取率は一〇〇%です。「とんでもないね。搾取はゼロにしたほうがいいよね」と考えてしまうんだけれども、実際はそうじゃない。

たしかにこの部分は全部資本家のものになってしまっているわけだよね。全部資本家のものになってしまっているから搾取率といわれているわけだ。これが資本家のものにならないで、労働者が自分たちで生み出したものがみんな労働者のものになれば、搾取という言葉は使わないで済むだろう、ということだよね。

だから「搾取されているから搾取を全部やめればいいんだ」、「剰余労働なんかやめてしまえばいい」という話ではないんだよ、ということだ。こうやって労働者が新しい価値を生み出しているからこそいまの世の中は経済がどんどん豊かになってきた。その富は誰のものか、と考えることが必要なんだよ、という話です。

マルクスの時代の過酷な労働

では、当時のイギリスでは、労働者をどのくらい働かせていたのでしょうか。『資本論』は一八六七年に出版されたね。この当時、イギリスには工場法という法律があったそうです。一八〇二年に最初の法律が制定されています。その法律の主旨は、労働者をあまりに働かせ過ぎてはいけないよ、というものです。労働者に二四時間働き続けさせたら、労働者は長生きできない。そうすると労働力の再生産ができない。労働者はなるべくこき使いたいんだけれど、労働力が再生産できないほどこき使ってしまうわけにはいかない。労働者をこき使うけれども、労働力が再生産される程度におさめておかなければいけない、ということだよね。

それこそ生かさず殺さずという状態にしなければいけないよ、というので、イギリスでは工場法という法律ができました。労働者の労働時間を制限したわけだ。どれぐらいかというと、一八四七年の工場法では「平均一〇時間の労働日」と書いてあります。一日平均一〇時間働くということでした。

最初の五日間、つまり月曜日から金曜日までは朝の六時から夕方の六時まで、この一二時間。そこから朝食のための三〇分、昼食のための一時間が差し引かれます。だから六時から一八時まで拘束されるわけだ。

拘束されるんだけれど、そのうちの朝食の時間の三〇分、それから昼食のための一時間は労働時間には含めませんよ、と。ということは、拘束時間は一二時間だけど、労働時間は一〇時間半だね。

当時は週休二日ではないですから、土曜日も働きます。土曜日は朝の六時から午後の二時まで働くんだそうですが、ここも朝食の三〇分は差し引かれる。

八時間から三〇分引かれて七時間半。月曜日から金曜日までは一〇時間半、最後の土曜日が七時間半、これを合計すると計六〇時間。

これ以上働かせてはいけないよ、ということが法律で決められていた。でも朝の六時から夕方の六時までひたすら働かされていたわけだね。クタクタになるよね。土曜日だって働いていた。日曜日は多分グッタリ、何もできないような状態だったろうね。こういう働かされ方をしていたんだそうです。

マルクスはここで当時の実情を明らかにしています。工場の経営者としてはこの法律を守らなければいけないんだけれど、守っているふりをしながら、実際には朝食や昼食の時間を削り、終業時間を遅らせていた。

それだけではない。たとえば製鉄所でいうと、高炉があるよね。鉄をつくっているところ。あれは石炭やコークスを燃やして、高熱で鉄鉱石を溶かして鉄をつくるわけだね。高炉は一度火を止めてしまうと、また高熱にするまでにすごい時間がかかる。一度高い熱にしておけば、その火を消さなければ効率よく鉄をつくることができる。そうすると、製鉄所は二四時間操業を続けたほうがいいわけだ。ではどうしようか。

労働者を交代で二四時間働かせればいいじゃないか、という話になってくるわけね。労働者は人間なんだから夜はちゃんと休ませようね、ではなくて、仕事のほうが大事だ。金もうけのほうが大事なんだから、製鉄所の火を夕方になったら落として、翌日また火を起こしてなんていうことは効率が悪いから、二四時間ずっと燃やし続けて労働者を交代で出せばいいじゃないか、ということになって、昼夜交代制というのが生まれたということだね。

私たちの身の回りを見ると、昼夜交代制の仕事っていまはごく普通にあります。コンビニでもそうだね。本来人間という生き物は、昼間働き、夜は寝るはずのものなんだけどね。それを夜でも交代で働かせるというのは、効率よくもうけたいからだ。結果的に人間に非人間的な仕事をさせるようになった、ということだね。資本主義より前の時代は、そんなことはなかったわけだ。封建制度の時代はね。それが、とにかくもうけなければいけないということになると、非人間的な労働が行われるようになったということだ。

二四時間働かせていると何が起きるのか。

労働力の消耗と死滅を生み出す

資本制生産は本質的に剰余価値の生産であり、剰余労働の吸収である。したがってそれは労働日の延長によって人間労働力を萎縮させ、労働力から正常な道徳的、肉体的発達条件と活動条件を奪う。それだけではない。それはまた労働力そのものの早すぎる消耗と死滅を生み出す。

「資本制生産は本質的に剰余価値の生産であり、剰余労働の吸収である。したがってそれは労働日の延長によって」、労働日、これは労働時間と読み替えてもらえればいいと思います。労働時間の延長によって「人間労働力を萎縮させ、労働力から正常な道徳的、肉体的発達条件と活動条件を奪う。それだけではない。それはまた労働力そのものの早すぎる消耗と死滅を生み出す」。

とにかく労働力を買っちゃったんだからこき使おうと構わないよ、と。だから、「再生産するだけのカネは払ったんだぜ。カネ払っているからどう使おうと自由だろう」と言って無理矢理働かせる。搾り取るわけだ。徹底的に働かせる。徹底的に働かされていると、人間って道徳的、肉体的な条件、いろいろなものが奪われていく。そのうちに「労働力そのものの早すぎる消耗」というのは、くたびれてしまったり、病気になったりして、長く働けない。年を取るまで働けない。若いうちに働けなくなってしまったり、途中で死んでしまったりするよ、と。

その後に有名な言葉があります。

「洪水は我れ亡きあとに来たれ！」

洪水は我れ亡きあとに来たれ！　これがあらゆる資本家と資本家国家の合言葉である。だからこそ資本は社会によって強制されない限り、労働者の健康と寿命に配慮することはない。

「洪水は我れ亡きあとに来たれ！」、これは、「洪水は我が亡きあとに来たれ！」という言い方をすることもあります。

資本家にしてみれば「自分が金もうけをするために労働者が必要なのであって、後はどうなろうと知ったことじゃないよ」、「後は野となれ山となれ」となるよ、という話です。

景気が悪くなり、商品が売れなくなってしまった。会社が危ないかもしれない。派遣労働の社員を、どんどん辞めさせようという動きになっている。派遣労働だけじゃない。正社員もリストラして減らしてしまおうという傾向がある。

そんなに社員を減らしてしまったら、仕事についてのベテランがどんどんいなくなってしまうかもしれない。「でも、そんなこと、知ったことじゃないよ」。「いまつぶれたら大変だろう」。「いいじゃないか。そんなことはいずれ将来のこと。そのときはもう俺なんかいないもん」。「どうせ洪水が起きるなら、俺がいなくなってから起きてくれ」。こういう話なの。先のことは考えない。自分がいる間さえ無事に乗り切れば、いい。

「洪水は我れ亡きあとに来たれ！」、どうせ洪水が起きるものなら、私がいなくなってしまった後にしてほしい、という有名な言葉です。

だから「**洪水は我れ亡きあとに来たれ！　これがあらゆる資本家と資本家国家の合言葉である。だからこそ資本は社会によって強制されない限り、労働者の健康と寿命に配慮することはない**」ということなんだ。

「**社会によって強制**」する、つまり法律をつくるということ。あるいは何か規制をするということだ。そういうことがされない限り、資本というのは労働者の健康や寿命なんかに配慮しませんよ、ということなんだよね。

いま日本でも、長時間労働してはいけませんよ、残業なんて簡単にさせてはいけませんよ、というようなことがないようにと、いろんな社会の仕組みがあります。労働者が病気になるような無理矢理会社にやらせている、ということなんだよね。これは社会によって強制して無理矢理会社にやらせている、ということなんだよね。最近の「働き方改革」もその一環だ。

会社は本当はそんなことはしたくないわけだ。したくないんだけれど、法律があるから会社は仕方なしにそれを守っている、ということがあるわけです。

たとえば労働基準監督署という国の役所があります。労働基準監督署というところには監督する監督官という人がいて、会社を見て回って、ちゃんと労働時間が守られているのかな、法律に違反して無理矢理深夜まで働かされているなんていうことがないのかな、ということを監督しているの。

ちゃんと機能しているかどうかはともかく、そういう仕組みがあるわけだ。それは社会が強制しないと、会社というのはそういうことをやらなくなるよ、ということなんだよね。

労働者の健康と寿命は、「何でもみなさん自由ですよ。新自由主義で、会社が何をやってもいいよ。自由だよ」とやっていくと、結局は守られませんよ。だから、必要な規制、ルール、法律というのをつくらなければいけませんよ、と。こういう話なんだよね。

『資本論』を読むと、当時のイギリスで労働者たちがどれだけひどい労働をさせられていたか、子どもたちが学校に行くことができないでひたすら働かされている、あるいはどんどんバタバタと死んでいく、そんな実情が報告されています。

労働者というのは昔非常に労働条件が悪くて、厳しい仕事をさせられていた。それを資本家が見て、「これじゃあ、いけないよね。何とかしよう」と言って、労働時間を短くしたり、労働者の権利を守ったりしたわけではないんだ。政府や行政あるいは、労働者の権利を守る団体の運動、そうした取り組みによって、労働者の権利がいろいろ守られるようになってきたんだよ、ということです。

「資本は社会によって強制されない限り、労働者の健康と寿命に配慮することはない」という表現を読むと、「一五〇年前にマルクスが言ったことだけれど、いまでもやっぱりそうだな」ということだよね。

「会社の仕事がなくなっちゃったから派遣労働者のみなさん、明日から出てこないでいいですよ。給料がなくなる？　それは私が知ったことではありません。それはあなたの問題でしょう。住んでいる家から出てください。住む場所がなくなる？　それはあなたの問題で、私の問題ではありません。ホームレスになろうが何しようが私の知ったことではありません。個人的にはかわいそうだと思いますけれど、何もできません」ということが、行われているのです。

ワーキングプアをつくり出す

一五〇年前にマルクスが書いたことが、形を変えながら、いまも続いているのです。労働力の再生産費だから給料は払うけれども、払う側としては、なるべく少ないほうがいいよね。その結果、一日中働いても、もらえる給料はわずか。とても家族は養っていけない。「自分一人が生きていくのがやっとで、とても結婚なんかできません」という若い人たち、よくいるよね。こういう人たちのことはワーキングプアと呼ばれるようになりました。プアというのは、貧困層のこと。貧乏なのは、仕事がない、給料がもらえないからだと思われてきた。ところが実際には、ちゃんと働いて給料をもらっているのに貧しいという人がいまどんどん増えてきている。それがワーキングプア。

実は新しい現象でも何でもない。一五〇年前から存在していたのです。

絶対的剰余価値と相対的剰余価値

剰余価値の話に戻りますが、実は絶対的剰余価値と相対的剰余価値があります。剰余価値を増やすやり方には二通りあります。一つは、絶対的剰余価値を増やす。絶対的に増やすというのはどういうことか。必要労働時間があって、その後、剰余価値を生み出す労働時間がありますね。剰余価値を増やしたいのなら、労働時間を延ばしてしまえばいいわけだ。そうしたら価値が増えるよね。これが絶対的剰余価値を増やすというやり方。

もう一つ、相対的な剰余価値を増やすというやり方があります。どういうことかというと、労働の生産力を高めるということです。

労働の生産力が上昇すると、個々の商品は安くなります。そうなれば、労働力の再生産費も安くなり、労働力の価値は下がります。その結果、必要労働時間は短縮され、相対的に剰余労働時間が長くなります。必要労働と剰余労働との比率を変えるのです。

まだ生産性が高くなかった頃、労働者をこき使って資本家がもうけようとすると、労働時間を長くするしかなかったわけです。

たとえば昔は自動車というのは何人かで一台一台手作りしていました。手作りしているときには一台つくるのにとっても時間がかかるよね。だから無理矢理労働時間を長くするという、朝から晩まで、早朝から深夜まで無理矢理働かせて絶対的な剰余価値を増やそう、ということをやっていました。

だけどベルトコンベヤーが発明されて、自動車の部品が流れてくる。そこにそれぞれ労働者がいて流れてくる部品を組み立てていく。こういうやり方にすると、ひとつひとつ手作りでやっているよりもはるかに労働生産性が上がるでしょう。これが相対的な剰余価値を増やすことにもつながります。

労働者が次第に慣れてくると、工場の経営者、資本家がちょっとベルトコンベヤーのスピードを速める。働いている人は、「あれ? いつもよりちょっと速い気がする。ベルトコンベヤーのスピードに間に合わなくなった。自分は疲れているのかな。がんばらなきゃ」と一生懸命やっていくうちに、またまた慣れてくるよね。

みんなこれまでより速いスピードでもちゃんとやれるようになって、「みんな慣れたな」と思ったら、再びスピードをちょっと上げてみる。それでミスが起きるようになると、「ここまでやってはいけなかったんだな。これはやり過ぎだった。この辺にしておこう」と調整を続ける。これを繰り返しているうちに、最初の頃よりもはるかにベルトコンベヤーが速く動くようになってきます。

日本の自動車の組立工場を見ると、労働者がものすごい速さでてきぱきと部品を組み立てていく。生産性が上がったわけだ。労働時間は変わっていないけれど、相対的な剰余価値というのは増えたわけだよね。多分労働者というのは前と同じ時間、働いているだけなんだけれど、前よりくたびれているはずだよね。そういう働かせ方、もうけ方というのが段々できてくる。

さらにいうと、ロボットがどんどんできてくるようになりました、自動車の生産工場でも。ロボットというと「鉄腕アトム」や「ドラえもん」みたいなものをイメージしてしまいますけれど、そういうものじゃないのね。ロボットといっても溶接ロボットみたいな、アームの先に溶接の機械だけがあって、自動車の部品を組み立てていきます。

ロボットがいっぱい導入されると、それだけ生産性は上がるよね。前は人間が全部ひとつひとつやっていたものを、ロボットが肩代わりしてくれる。

先ほど不変資本と可変資本という話をしたよね。工場のこういう機械類というのは不変資本だったね。一方、労働力というのが可変資本だった。そこにこういうロボットなどがどんどん導入されると、不変資本の部分が可変資本の部分より増えてくるよね。不変資本のほうが多くなり、可変資本の部分は少なくなってくる。つまり、労働者が前より少なくていろんなものがつくれるようになるでしょう。

労働者の数が少なくても済むようになればなるほど、「そんなに労働者、要りません。この給料で不満ならやめてもらって結構です」と言って、より安い給料で労働者を雇えるようになるよね。

ロボットなどいろんな機械で生産性が高くなればなるほど、労働者の数は少なく、しかも給料は少なくても済むようになるよ、という仕組みになっているということです。

派遣切りは資本主義だから発生する

ここまで来ると、冒頭に書いた派遣切りの話などが何となく少し見えてきたかな。派遣切りが行われたり、突然仕事が失われたりする。「ひどいよね」とみんな思っていたけど、「あっ、資本主義だから起きているんだね」ということがこれでわかったかな。

前にも言ったように、「だから資本主義がいけない。ひっくり返してしまえ」という考え方もあれば、「こういうひどいことになったのは最近のこと。それまではいろんな規制があったり、労働者を守る仕組みがあったりしたよね。それをなくしてしまったからこんなことになったんだ。その仕組みを再びちゃんとつくればいいんだよね」という考え方もあるわけだよね。それはあなたが考えることです。

社会が動く法則を見つける

世の中って、実はある法則みたいなものによって動いているんだな、ということかな。社会を貫く法則みたいなものがどこかにあって、みんなは無自覚に動いているけれど結局は、ある法則によって社会が動いているんだな、ということが見えてくればいいのです。

それを見つけるということが経済学という学問だし、そもそも学問ってそういうものかな、と思うんだよね。私たちが普段気づかないところに何か規則性があったり、法則性のようなものがあったりする。それを見つけて体系的にまとめてみる。それが多分学問なんだよね。

物理でいえば、物を落とせば落ちるとか、物には重さがあるとか。本当は質量なんだけど、この地上では重量として表現される。「本質と現象形態」みたいな言い方になるんだけれど、そういうものを見つけるのが物理学でしょう。

社会でも、経済の中にそういう法則があるんだな、ということだよね。そういうものを見つけるのが経済学という学問なんだ、ということなんだよね。

マルクスは商品を分析することから始めて、みんな等価交換だけなんだけれど、等価交換でやっているのになぜ資本が増えていくのかという不思議な動き、その謎を解いたということになるわけだよね。

商品を安くすることで労働者を安くする

労働の生産力を高めて、商品を安くし、商品を安くすることで労働者自身をも安くすることこそ、資本の内的な衝動であり、かつ、常なる傾向なのである。

生産力を高めて商品を安くして、商品を安くすれば労働力の再生産費も安くなるから、それが労働者を安くするということである。資本というのは、そういう衝動を持っているんだよ、ということだよね。それぞれ個々の経営者、資本家にしてみれば、いいものをより安く売りたいと思うよね。より安く売れればたくさん売れるし、たくさん売れるからより安くしたい、と一生懸命やっているわけだ。何も労働者を安くしようなんて思っていない。労働力を安くしようなんて思っていないよね。

だけど、いいものを安く売れば売れるからと、みんな何とか「安くしよう、安くしよう」として一生懸命努力している。いろんな資本家がみんなやることによって、資本主義社会全体としては労働者の生産費を安くし、労働者を安くしようということを一生懸命やっているんだ、ということになっている。

アメリカで大きな問題になったのは、スーパーマーケットのウォルマートです。日本の西友を買収したウォルマートというスーパーマーケットがある。エブリデー・ロープライスといって、いつでも毎日とにかく何でも非常に安いよ、というアメリカのスーパーチェーンがあります。

ここは何でも安いの。本当に安い。商品の多くを中国から安い価格で大量に仕入れているので、一段と安くなる。全米にチェーンがあるものですから一〇〇万個、二〇〇万個という単位で買っている。

ただ安いわけではない。それなりの品質の商品を売っている。サービスもよく、買った洋服を家で着てみてサイズが合わないと、一度袖を通したものでも交換してくれる。サービスがよくて商品が安いということで、全米にチェーン店を展開しています。

安い商品を売る以上、そこで働いている従業員の給料もやっぱり安いんだよね。ウォルマートのスーパーがあちこちの町にできます。ウォルマートが来ると、同じ町の他のスーパーマーケットよりもはるかに安い値段で商品を売ります。とても太刀打《たちう》ちできないのね。そうすると、周辺のスーパーマーケットがつぶれてしまう。そうすると、ここで働いていた社員は仕事がなくなるよね。どこかで働かなければいけない。「働き口はないかな？」と探すと、ウォルマートが働く人を募集している。給料は安いけど、他に就職口がないから、ウォルマートに就職する。

ウォルマートは、こうしていつでも従業員の応募があるから、安い給料でも社員を雇えるというわけ。

このスーパーマーケットチェーンが、全米にどんどん広がりました。

こういう状態を見ていて、アメリカ各地でウォルマートが来ようとすると、「うちの町にはウォルマートは要りません」という、ウォルマート進出反対運動が起きるようになってきました。消費者の立場でいうと、ウォルマートは安いから、本当はウォルマートが入ってくると便利なのね。すごく安くていろんなものが買えるからいいんだけれども、入ると町全体がつぶれていって、みんなの平均給与が引き下げられるわけだ。ウォルマートが進出する町には、他の会社の工場があったりするでしょう。ウォルマートができて失業者が増え、労働者の給料が安くなれば、工場労働者の給料も低くて済むようになります。工場労働者が「給料を上げろ」と主張すれば、会社の経営者は、「いやなら、辞めてくださって結構」と言えるわけでしょう。安い給料で働くしかない人が大勢増えたら、ここの工場としてもこれまでよりも安い給料で社員が雇えるようになるわけだから、うれしいわけだね。

みんながウォルマートの商品を買って、それで生活するようになると何が起きるかというと、他のスーパーマーケットより安く食材が手に入るわけだよね。食事代がこれまでより安くて済むよね。それから着る物もみんなウォルマートで買えば、これまでより安くなるよね。ということは、働いている労働者の労働力の再生産費用が少なくて済むよね。前より労働力の再生産費が少なくて済むわけだ。

ということは労働力の再生産費であるところの給料は安くて済むわけでしょう。労働力の再生産費が安くなればなるほど資本家はもうかるという仕組みになるよね。これまでひと月二〇万円の生活費が必要だったものが、ウォルマートで全部そろえれば一五万円で済むでしょう、つまり、あなたの労働力の再生産費は二〇万円から一五万円になってしまう。だったら、給料も二〇万円から一五万円に引き下げましょう、ということになってしまう。

資本家が少しでももうけるためには、どうしたらいいか。もうけるためには仕入れコストを削減したほうがいいよね。コストを削減するためには部品を仕入れるときに部品をもっと安くしてくれと値引き交渉するのと同じように、労働力ももっと安くしたほうがいいよね。社会全体で生産力が上がり、いろんなものが安く買えるようになると、労働力の再生産費というのはどんどん安くなっていくから、それだけコストが下げられて、資本家はもうけることができる、という形になっていくわけだね。

グローバル経済で労働力が安くなる

アメリカのスーパーマーケットがアメリカ製品ばかりを仕入れていたら、商品の値段は高かったわけだよね。ところが中国に非常に安い労働者がいる。とっても安い労働力で働いている。その商品を仕入れればものすごく安くて済むでしょう。

中国から安い商品を仕入れることができればいろんなものが安くなる。そうするとアメリカの労働者の賃金も引き下げられる。中国の商品がなぜ安いかというと、中国の労働者の労働力が安いからだよね。

だ。中国の労働者の労働力がなぜ安いかというと、労働力の再生産費がとっても安いから。中国はいろんなものが安いから労働力の再生産費も安いし、労働力の再生産費が安いからコストが安く、いろんなものを安くつくれるわけだよね。安いから安くつくれるという悪循環というのかな、安いからすべて安い、という状態になっている。

いまや地球規模で商品の製造・売買が行われるグローバル経済。自由にいろんなものが輸入できるようになると、中国から安い品物がどんどん入ってくる。それによってウォルマートのようなところが安売りをし、他の店がつぶれ、安い給料でないと働けなくなることによってアメリカの労働者の再生産費、コストが引き下げられていくということが起きるわけだよね。

これがまさにグローバル化ということだよね。昔はアメリカだけだったものが、中国、あるいは東ヨーロッパの非常に労働力の安いところでつくられたものがどんどん輸入できることによって、その国の労働者の給料も上がらなくなってしまった。これがいままさに世界中で起きてしまっていることなんだね。

そのうちに中国の労働者の賃金が上がってきたら、じゃあ中国はやめた、ベトナムに工場を移そう、カンボジアに工場を移そう、という形で、みんな安い商品をつくろうとしているわけだ。それはつまり「何とか労働者を安く使いたい」ということになるわけ。

資本家は別にそんなことを意識しているわけじゃないんだけれど、「どうすればもうかるかな」と考えて一生懸命やると、結果的に、資本が命ずるままにやっていたんだよね、ということなんだよね。

マルクスの時代の資本家と現代の資本家

資本家というのは、自分が持つ資本によって動かされている。資本の言うがままに動かされている人間という言い方をマルクスはしています。

資本家だって働いていています。会社の社長さんだって朝から晩まで一生懸命働いている。

「俺だって労働者だ」って言えなくもないんだけれども、実はそうではなくて、労働者を使う立場だから、その資本に動かされているというふうに考えればいいかな。労働者はその労働力を売って働かされているわけだけれども、資本家というのはその資本の命ずるがままに動かされている、動いているという形になるんです。

ただし、マルクスの頃の資本家と、いまの資本家って随分変わってきているんですね。マルクスの時代、資本家というのはお金を持っている人が財産をどんどん増やそう、ということでした。いまは、そういう意味で、多額の財産を持った資本家というのは、あまりいないんです。中小企業の経営者くらいのものだね。

自分のお金で社員を雇って金もうけをしてやっていこうという資本家というのは、実はそんなにはいないわけ。日本の大企業の社長さんって、別にそこの会社の資本家じゃなかったりするわけでしょう。そこの会社にサラリーマンとして入社して、一生懸命に働いているうちに、経営者になったという人がほとんどだ。

株式会社には、株主という人たちがいるでしょう。形の上では、株式会社というのは一番上に株主がいて、この人たちが会社の持ち主ということになります。

だけど、この株主たちは、会社を経営する力はないし、別に仕事を持っている人たちがほとんどだから、その会社を経営するために、経営者を別に選びます。

年に一度の株主総会で、株主が取締役たちを選びます。この取締役の人たちが取締役会を開いて、自分たちの代表を選びます。それが代表取締役社長ということになります。

取締役たちは、「ここの会社は株主のものなんだから、みんなしっかり働いて、お金を稼ぎなさい」と指示する。お金を稼いだら、「その分、株主に配当金を払おう」ということになる。

昔はこれが全部一緒でした。中小企業の社長さんが株式会社をつくった場合、その社長さんが一番の大株主。株は全部自分一人で持っていたりするわけだ。マルクスの時代の資本家というのは、経営者でもあった。

ところが、その後どんどん変わってきて、いま、会社の所有者である株主と、経営者は別々のものになりました。これを「所有と経営の分離」といいます。

代表取締役の社長さんは、この会社の中で出世してきた人がトップに上がっている場合がほとんどだよね。だから別に大金持ちだから社長になったわけではないの。社長になったことによって大金持ちになれる人はいるけれども、基本的にお金持ちだからなったわけではないわけだね。

ただし、ここで一生懸命お金を稼がないと株主から、「お前なんかクビ」と言われかねないわけだ。自分がちゃんとお金を稼がないと自分の立場がなくなってしまうから、結局一生懸命働かざるをえない。そうなると個人的には、「社員はみんな、かわいいな。一人もクビにしたくないな」と思っても、会社がつぶれそうになったら元も子もないから、泣く泣くリストラすることもある。この人は大金持ちの資本家ではないんだけれども、結局、資本の論理で動かざるをえない、ということだよね。

いまはマルクスの時代とは異なり、所有と経営がはっきり分かれています。だから、「マルクスの『資本論』で言うような資本家なんていまはいないぜ」と言われれば、その通りなの。その通りなんだけれど、本質は実はあまり変わっていない。代表取締役の社長はその会社を発展させないと自分はクビになっちゃうから、自分の生活がかかっているからやっぱり一生懸命働く。「どうすればこの会社がもうかるかな」ということを一生懸命考えるわけだ。

「会社がもうからなくてもいいや」ということをやると、これは背任罪という法律違反になってしまいます。経営者は、その会社の株主のために、会社がもうかるように努力することが義務付けられているのです。資本主義の国だから制定された法律だ、といえるかも知れませんね。

ここまでの復習

そもそもは資本主義といわれている世の中を分析しましょう、ということでした。世の中を見ると、あらゆるものが商品になっている。では、そもそも商品って何だろう、というところから分析していくことになりました。

商品には使用価値と交換価値があります。使えなきゃ意味ないわけだから、使って役に立つよ、という使用価値がある。でも、自分にとっての使用価値があれば、それは商品かっていうと、必ずしもそうじゃない。

ロビンソン・クルーソーの話がありましたけど、自分にとって使用価値があっても、自分だけで使いきってしまったらそれは商品じゃない。他人にとって使用価値があるものをつくって初めてそれは商品になる。

商品は他のものと交換することができる。それが交換価値。いろんな商品がみんなある一定の比率で交換できるっていうことは、そこに何か共通した価値があるのだろう。

それは何だろうか。それは、人間が労働によってそういう価値をつくり出しているのではないか、ということでした。

いろんなものを交換していると、その中でどんなものとも交換できるものが出てくる。それがお金、貨幣で、金や銀が使われます。

商品をつくって、それをお金に換え、そのお金でまた商品を買う。農家の人がお米をつくって売ってお金を得て、そのお金で冷蔵庫買ったり、自動車買ったりというW—G—Wの動きがあります。これを途中から見ると、G—W—Gという動きもある。まずお金で何か商品を買って、その商品を売るという繰り返しというのも起きてくる。

その過程で、商品を購入することで価値を増やすことができる。資本家の誕生だ。

お金を持っていて生産手段を買い、労働者の労働力を買ってそれで労働者に何かものをつくらせてそれを売ると、労働力の価値以上のものをつくり出す。

労働者の労働力とは、その労働者の再生産費。これが労働力の値段だ。

労働者の労働力を買って、資本家が働かせることによって新たな価値が生まれてくる。この新たな価値が剰余価値。そしてこの剰余価値には、絶対的剰余価値と相対的剰余価値がある。

たとえば労働者の労働力に払うお金を稼ぐのに一日の労働時間の半分がかかるとすれば、この部分が必要労働であり、残りの部分が剰余労働だ。

労働時間を増やすのが絶対的剰余価値の生産であり、労働時間を延ばさず、生産性が高くなれば、相対的剰余価値が増える。いろんな商品が安くなれば、労働力の再生産費用も安くなる。

資本家が工場を建て、新しい機械を入れて、新しいものを生産していく。でも生産手段、工場や機械などの価値は、新しくつくり出されたものの中に移っていくだけ。新しく増えない、変化しないという意味で、これを不変資本と呼ぶ。

一方、労働力というのは、労働者が働くことによって新しい価値を生み出す。どんどん増えていく、変わっていくというので、これを可変資本と呼びます。ここまでやりました。

第10講

大規模工場が形成された

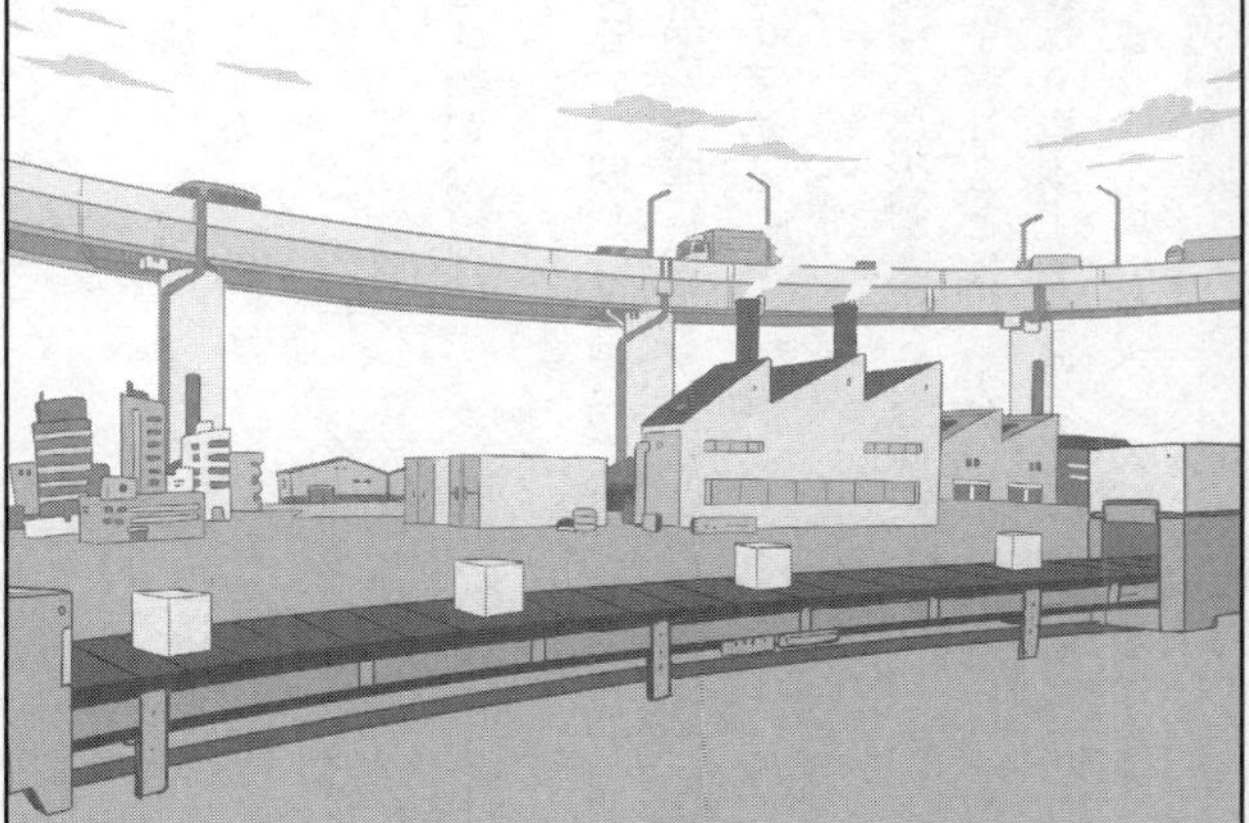

工場で大勢が働くことが資本主義の始まり

農業が中心の封建社会が終わり、次第に新しく工場ができて、みんな工場で働くようになりました。大規模工場がついに形成されるようになりました。

相当数の労働者が同じ時間に同じ場所で（あるいは同じ労働現場でといってもいいだろうが）、同じ資本家の指揮下に同じ種類の商品の生産に従事することが、歴史的に見ても、概念的に見ても、資本制生産の始まりなのである。

「相当数の労働者が」の相当数というのは、要するに大勢という意味だ。農家の人がそれぞれ個別に農業をしていたって、それは資本主義社会とはいわないし、あるいは個人個人が家内制手工業をやっていた程度では、やはり資本主義とはいえない。

大勢の労働者が、同じ時間に同じ場所で、つまり大工場で資本家の監督を受けながら商品をつくると、それだけ経済が発展し、生産力が発展してきて、そこで初めて、資本制生産の始まりだといえる。資本主義経済っていうのはそういう状態のことなのだ、というのです。

昔から資本主義経済があったわけではありません。次第に歴史が進み、経済が発展してきて、個別に商品をつくっているんじゃなくて、みんなで同じところで大量生産するようになる。そういう時代になって初めて、それは資本主義経済になるという話です。

価値増殖の法則そのものは、一人一人の生産者が資本家として生産するとき、つまりたくさんの労働者を同時に投入し、はじめから社会的に平均労働を動かすときに、はじめて完全に実現するということが分かる。

「価値増殖の法則そのものは」、この価値増殖とは、資本家が労働力を買って働かせ、剰余価値を生み出し、その新しい価値も投入して事業を拡大させることで、価値が増えていく、ということです。つまり資本主義の法則です。

その価値増殖の法則というのは、「**一人一人の生産者が資本家として生産するとき、つまりたくさんの労働者を同時に投入し、はじめから社会的に平均労働を動かすときに、はじめて完全に実現する**」。

資本家が、多数の労働者を雇って生産を始めることによって、法則として動き出す、というのです。

同じ生産過程においてであれ、相互に関連し合ういくつかの生産過程においてであれ、多くの人びとが計画的に一緒に、あるいは並行してともに働くならば、その労働の形式を協業と呼ぶことにしよう。

まったく、ややこしい表現だね。こんな文章を一生懸命に読み解いていくと、読解力がつくよね。そう思って、がんばろう。

ここでマルクスが言っていることを、自動車工場で考えましょう。自動車工場で、ベルトコンベヤーがあって、自動車が組み立てられている。ここで大勢の労働者が一緒になって働いているでしょう。

同じ生産過程とは、この工場のことだ。同じ生産過程で多くの人が働いている。これを「協業」と呼ぶ。

また、「相互に関連し合ういくつかの生産過程」というのは、言ってみれば自動車工場以外の部品工場だ。いろんな部品工場でそれぞれいろんな部品をつくってここに運び込むでしょう。これが「関連し合ういくつかの生産過程」。

自動車を組み立てる場所とは別の場所で働いていても、これも協業と呼ぶ。

さらに、一緒に働くのか、あるいは「並行して」、つまり、同じ工場の別の生産ラインで働いていても協業と呼ぶ。

みんなで一緒に何かをつくり出しましょうという働き方のことを協業と呼びますということです。さあ、この協業が行われるようになると、何が起きるのでしょうか。

大勢が一緒に働くと生産性が高まる

たくさんの力が融合してこのようにまとまった力になることから生じうる実力とは別に、大抵の生産労働においては、たんなる社会的接触だけでも競争を生み出し、やる気を独特に刺激し、個人個人の能力を高めるものである。結果として、一二人の人間が同じ一日の労働をして計一四四時間働く方が、一二人の労働者が別々に一日一二時間働くより、あるいは、一二日間連続一人の労働者が働くより、はるかに多くの生産量を全体として上げることができる。人間はその本性からして、アリストテレスの言うように政治的動物ではないにしても、社会的動物だからである。

「たくさんの力が融合してこのようにまとまった力になることから生じうる実力とは別に、大抵の生産労働においては、たんなる社会的接触だけでも競争を生み出し、やる気

を独特に刺激し、個人個人の能力を高めるものである」と言ってます。

つまり、みんなで一緒につくることによって、生産性というのは高まっていくし、みんながとにかく一緒にやるだけで、いろんなものがたくさんつくり出せます。

いやいや、それぱかりではありません。労働というのは「**社会的接触だけでも競争を生み出し、やる気を独特に刺激し、個人個人の能力を高めるものである**」。

つまりたった一人で、誰もいないところで黙々と仕事をしているよりは、みんなでわいわいがやがや、「おい、俺のほうが上手だぞ」「いや、お前へたくそだな」とか何とか言いながらやっていくと、「**やる気を独特に刺激し、個人個人の能力を高める**」。

一人でコツコツ、誰とも言葉を交わさないで仕事をしているよりは、みんなでわいわいがやがやとやったほうが生産性が上がる、能率が上がるって言ってんだよね。

かつて「サテライトオフィス」というのが流行したことがあります。社員が全員同じ職場で働かなくても、IT機器が発達したから、みんなから離れた場所で仕事をすることができるようになる、というものでした。たとえば朝の満員電車で都心まで出勤するとくたびれてしまうから、自宅近くに小規模の職場をつくり、そこで仕事をすれば、通勤時間がかからないよ、というものでした。

ところが結局、普及はしませんでした。みんなと一緒に仕事をしていないと、不安になったりして、仕事の能率が上がらなかったのですね。

だから「**結果として**」、たとえば「**一二人の人間が同じ一日の労働をして計一四四時間**」、一二かける一二だね。一二人の人間が一二時間働いたほうが「**一二人の労働者が別々に一日一二時間働くより、あるいは**」たった一人が一二日間、一二時間ずつ働くより、「**はるかに多くの生産量を全体として上げることができる**」。

「**人間はその本性からして、アリストテレスの言うように政治的動物ではないにしても、社会的動物だからである**」

人間ってやっぱり社会的動物だっていうことですね。社会的動物、あるいは社会的存在と言ってもいいかもしれない。

人間というのは、たった一人だけだと、孤独でいろんな新しいことができない。家族がいたり、友だちがいたり、ライバルがいたり、みんなで一緒になって働く。それによって働くことが楽しくなったり、自分の生きがいを見出《みいだ》したりする。人間が大勢集まって社会を形成する。その社会の中で働く。自分が働くことによって新しい商品をつくり出し、それを誰かが喜んでくれる。社会の中で働くからこそ、そういう喜びも得られる。人間っていうのはやっぱりその社会の中で働いてこそ人間であるっていうことを、ここでは言ってるわけ。

つまりマルクスは「資本主義はけしからん、とんでもない」って言ってるわけじゃないの。もちろん資本主義っていう仕組みがいかに非人間的なものであるかってことも論じてるんだけれども、決してそれだけではないんだ。

みんなが同じところで働くことによって生産性が上がり、みんな豊かになっていく。あるいはそこで一人で孤独に働くよりは、ライバルがいたりして、やる気が出てきて働く。これは人間本来のことなんだ。

人間として一人一人の労働者が成長していくので、決して悪いことばかりではないってことを、実はここで言ってるんです。

これ、意外に見過ごされがちなんですが、大事なことなんですね。マルクスは、資本主義がいかに非人間的な仕組みなのかって言ってるだけではないんです。みんなが一緒になって働くことによって世の中は豊かになっていく、そういう働きもある、そしてその中で人間として生きがいを見出したり、働くことが楽しくなったりっていうこともあるということを実は言っています。

協業によって一方では、労働の空間域を拡大することが可能となる。ある種の労働過程にとっては、作業対象のおかれている空間の関係からしても、協業が必要となる。例えば、土地の干拓作業、堤防建設、灌漑《かんがい》、運河や道路や鉄道の建設などがその例である。他方で、協業によって、生産の段階が進むのに正比例して、生産分野の空間的集約が可能となる。労働空間を狭め、同時に労働の影響範囲を拡大することによって、膨大な無

駄なコストが削減されるが、これは、労働者を集中し、種々の労働過程をまとめ、生産手段を集中することによって得られる。

個人個人が個々別々に働いた日数の総計と数は同じでも、協業の労働日は、ずっとより多くの使用価値を産出し、ある特定の利用効率を生み出す生産に必要な労働時間を減少させる。

さっきの協業の話がまた出てきました。協業、みんなが一緒になって働くっていうことだよね。協業以外に分業という言葉がありますね。分業と協業はイコールになることもあれば、そうでないこともあります。

たとえば、ある部品をある人がつくった。それぞれ別々の部品をつくり、ここでその部品を組み合わせていく。それぞれ別の仕事に分けてるよね。これは分業です。

協業というのは、ここでみんなが一緒になって働くという意味です。

「協業によって一方では、労働の空間域を拡大することが可能となる」

「空間域」って何だろう。

たとえば土地を干拓したり、堤防をつくったり、灌漑は、水を引くことだ。運河や道路や鉄道などの建設。つまりみんなで一緒になって働くことによって、ものすごく広いところ、大規模なさまざまな工事もできるようになるって言ってるだけだ。それを「労働の空間域を拡大することが可能となる」と、わざわざわかりにくいこと言っています。協業、みんなが働くことによって、干潟を干拓して新しい土地をつくり出す。ものすごく広いところでみんなで働くことによって大規模な仕事ができるようになるって言ってるだけのことです。

それから「他方で、協業によって、生産の段階が進むのに正比例して、生産分野の空間的集約が可能となる」。

「空間的集約」って何かっていうと、みんなで同じ工場で働けばベルトコンベヤーで自動車をどんどんつくれるじゃない。これが空間的な集約。

つまりいっぺんに、みんなで働けば一か所で全部つくれるって言ってるだけのことです、ここは。

だけどみんなで一緒につくると無駄なコストが削減されるよね、当たり前だけど。いっぺんにベルトコンベヤーでつくれば、非常に低いコストでつくることができます。「これは、労働者を集中し」、つまり一つの工場に何千人もの労働者を働かせ、「生産手段を集中」するのは、ベルトコンベヤーや機械、工場を一か所に集中することによってできますということだ。

こうやってみんなでいっぺんに働くようになると、「個人個人が個々別々に働いた日数の総計と数は同じでも、協業の労働日は労働時間のことだった。

「協業の労働日は、ずっとより多くの使用価値を」つくり出し、「労働日」は

「ある特定の利用効率を生み出す生産に必要な労働時間を減少させる」

これまた意味不明な文章だけど、要するにみんなが別々に働くよりはこうやっていっぺんにみんなで働いたほうがより多くの生産物を生み出すし、効率的に短い時間でそれができますと言ってるだけのことです。

ある干潟を干拓するのをたった一人でやっていたら、絶望的な時間がかかるよね。一生の間に一人じゃとてもできない。でもみんなでやれば大規模な工事だっていっぺんにつくれる。新幹線だっていっぺんにつくることができる。

つまりそれだけの話です。「じゃあそう言えよ」って言いたくなるけど、マルクスはどうもこういう気取った言い方をします。

労働者は「類」として発展する

他人との計画的な協業を通じて、労働者は個人という枠を捨て去り、彼の類としての本質を発展させるのである。

「類」って何か。人類の類だよね。人間としての本質を発展させる。他人と計画的に協業する。他の人と一緒に計画的に、みんなで協力してあるものをつくり出すことによって、労働者は単なる一人の個人じゃありません、人類として人間としての本質を発展させるんですよ、ということ。つまりさっき社会的な動物だと言ったよね。これ同じことを言ってます。

一人でコツコツとやるよりは、みんなでやることによって何か新しいものをつくり出す。「ああ、私たちはやっぱりみんな同じ人間だよね、みんなで協力して新しいものをつくり出したよね」という喜び、協力してつくり出す喜びと言えばいいのかな。

ある作家さんが、こう言っていました。以前は会社で働いていたけれど、会社を辞めて小説を書くようになった。小説を一冊書き終わった。うれしいはずだよね。でも一人でコツコツと小説を書いて、深夜に原稿が完成すると「ばんざーい」って思うんだけど、何か喜び方が違うっていうんだ。

昔みんなで会社で働いていて、何日もかかって、やっとプロジェクトを達成させた、完成したときに、みんなで大喜びをして、「わあい、やったやった、仕上げた」ってみんなで打ち上げに飲みに行って大騒ぎをする。あのときの達成感に比べて、たった一人で小説を書いていても、そういう達成感がないのだそうです。

これを聞いて、私も思い当たりました。自分の本を書き上げるとうれしいんだけど、

「わあ、ばんざい」という喜びが少ないのです。以前NHKに勤務していた頃は、番組をつくったり、生放送が終わったりするたびに、「わあい、みんなで飲みに行こう」とやっていましたが、それに比べて達成感が何か足りないんです。それは、つまり、これなんですね。

人間っていうのは、他人と一緒にみんなで協力してやることによって、類として、「みんなで仲間で何かつくり上げたよ」という喜びを得られる。それが類としての本質を発展させるということです。

これもまさに資本主義によって、みんなで一緒になって働くことによって、人間は人間としての本質を発展させる。これはすばらしいことなんだって言ってるわけ。「資本主義はけしからん」と単純に言ってるわけじゃないんだね。資本主義経済によって、人間はみんなで協力して新しいものをつくり出す。類としての本質を発展させる。これによって生きる喜び、物事をつくり出す喜びというのを、人間は発展させるというふうに言ってるんです。

労働者の抵抗が高まる

資本制的生産過程を動かす動機および規定している目標は、資本の自己増殖をできる

だけ大きくするということである。すなわち、できるだけ多くの剰余価値を産出し、資本家が労働力をできるだけ大きく搾取することである。同時に雇用されている労働者の量が増大すると、それとともに、彼らの抵抗も増大し、それにともないこの抵抗を押さえ込もうとする資本家の圧力も必然的に増大する。資本家の監督は社会的労働過程の本性に内在し、それに由来する固有の機能というだけではなくなる。資本家の監督は同時に、社会的労働過程を搾取する役割をもち、それゆえに、搾取者と搾取される原材料（労働力）とのあいだの避けることのできない抗争がその基盤となっている。

「資本制的生産過程を動かす動機および規定している目標は、資本の自己増殖をできるだけ大きくするということである」

要するに資本主義経済というのは、資本を増やしましょうと、資本が自己増殖していくということです。金もうけをしようというのが、動機であり、目標だと言っています。

「すなわち、できるだけ多くの剰余価値を産出し、資本家が労働力をできるだけ大きく搾取することである」

資本家が労働者を雇い、労働者を働かせることによって労働力をできるだけ搾取する。搾取すればするほど金もうけすることができるから。

「同時に雇用されている労働者の量が増大すると」、つまり資本家に雇われている労働者が増えると、増えれば増えるほど、「彼らの抵抗も増大し」、そうだよね。

労働者が一人や二人だと、資本家に「これやりなさい」と言われると、不満があってもなかなか抵抗できないよね。でも一〇〇人や二〇〇人がみんなでまとまれば、「給料上げろ、労働条件よくしろ」って、言えるようになる。「彼らの抵抗も増大し」、つまり労働者の抵抗力も増大し、「それにともないこの抵抗を押さえ込もうとする資本家の圧力も必然的に増大する」。

働いている労働者の数が増えれば増えるほど、労働者がまとまりやすくなる。まとまって団結するってことは、労働組合をつくるってことだ。

みんなで労働組合をつくって、「給料上げろ、労働条件よくしろ」と、だんだん言いやすくなる。それだけ抵抗が増大する。そうなると資本家は資本家で、それを押さえ込もうと必死になるっていうことだ。

「資本家の監督は社会的労働過程の本性に内在し、それに由来する固有の機能というだけではなくなる。資本家の監督は同時に、社会的労働過程を搾取する役割をもち、それゆえに、搾取者と搾取される原材料」、これ労働力のことだけど、「とのあいだの避けることのできない抗争がその基盤となっている」。

なんのこっちゃ。またわかりにくい、難しい言葉だ。

この「資本家の監督は社会的労働過程の本性に内在し」、うんぬんっていうのは、要するに労働者を働かせる監督、労働者に「働いてくださいよ」と監督することだけが資本家の仕事ではなくなり、労働者が大勢集まると、みんな団結して抵抗するようになるから、その抵抗を押さえ込もうとするのも資本家の仕事になってくるということだ。

最初五〜六人で仕事してるときには資本家というのは、その労働者たちを監督するだけだった。でも何千人もが働くようになると、この何千人もがまとまって資本家に抵抗してきたら、これは大変だ。資本家としてはその連中を押さえ込もうという新たな仕事も出てくる。

ということは、昔五〜六人の頃は、資本家と労働者といっても、みんな和気藹々《わきあいあい》と働いてたけど、何千人もいるようになると、その何千人が抵抗しないように押さえ込もうと、資本家は監視の目を光らせるようになる。だんだんギスギスした戦いの場に変わっていくということを言っているんです。

以上のまとめ

昔みんなが農業やってるだけ、あるいは家内制手工業といって、鍛冶屋さんが家族でものをつくっていた時代から、次第にみんなが集まって、一緒に働くようになる。これが資本主義の誕生であり、みんなが協業することによって生産性が飛躍的に上がり、社会の富はものすごく増えていく。つまり豊かになっていくわけだ。

昔の家内制手工業の頃に比べれば、社会はずっと豊かになった。労働者がみんなで協力して働くことによって、労働者自体がみんなと協力して働くことの喜びを味わい、その中で自らも高めていくという意味では労働者も成長していく。

だけど労働者が成長し、まとまって抵抗すると困るから、資本家は資本家でそれを押さえようとすることを一生懸命やるようになる。資本家と労働者との戦いもまた激しくなってくる。これが資本主義の経済ですということをここでは言ってるんです。

余計なことだけど、マルクスの文章には、とてもすごい難しい表現が多く出てくるよね。こういう表現を、「え、これなんのこっちゃ」って一生懸命考えていくと、読解力が生まれます。

学生時代には、よくわかんなかった。ひとつひとつ考えているうちに挫折しちゃったんだけど、こうやって「これなんのこっちゃ、わかりにくい文章だな」と、一生懸命自分なりに理解しようとすることによって、「読解力がついてきたな」って思うし、それと同時に、学生時代にわからなかったのは、社会を経験していなかったからなんだということに気づきます。働くってどんなことだろうかっていうことを、実際に経験し、あるいはいろんな工場を見たり、働く人たちの様子をいろいろ見て経験を積んだりすることによって、「これって要するにこういうこと言ってるんだな」っていうことがわかってくるということです。

もしあなたが学生で、社会で働いたことがないとすれば、働くようになったときに、「ああ、このことだったんだ」ということがわかるようになるはずです。

第11講

大規模な機械が導入された

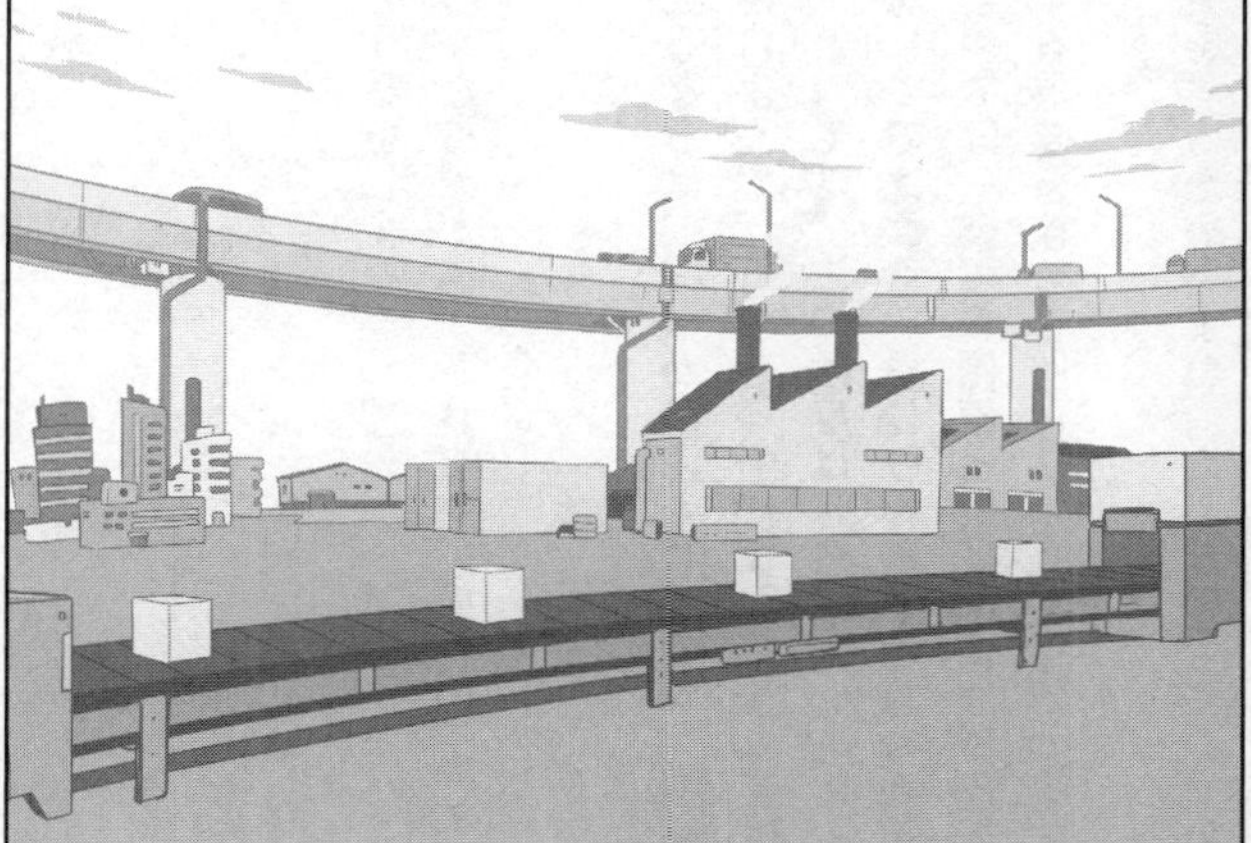

機械はどういうときに導入されるのか

ここでは「大規模な機械が導入された」という話をしましょう。工場ができた。工場ができれば、今度はいろんな機械が導入されます。それは、どういう論理で導入されるんだろうか。

生産物の低価格化の手段として機械だけを見るならば、機械が使用されるのは、機械自身を生産するのに要する労働が、機械の使用によって代行できる労働よりも少なくてすむという限度内のことである。しかし資本にとっては、この限度はさらに狭いものとして現われてくる。資本は投じられた労働に対してではなく、投じられた労働力の価値に対して支払いをおこなう。それゆえ資本にとっては、機械の価値と機械によって代行される労働力の価値の差こそが、機械を使用する限度をきめる。

機械は何のために使うかというと、人間が楽をするためだよね。人間が手でやっていたのではとてもつくれないようなものを機械がいろいろつくってくれる、つくることができる。じゃあ機械を導入するかというと、何が何でも機械を導入するとは限りません。それは機械を導入したほうがもうかる場合に限りますと言ってるわけだ。

つまりここで「**生産物の低価格化の手段**」、つまりなるべく安くつくったほうがもうかるので、なるべく安くつくろうとするわけだ。そのために機械が使用されるのは、「**機械自身を生産するのに要する労働**」、その機械自体をつくるのにかかる労働時間よりも、機械を使って代行できる労働、つまり人間が働くよりも少なくて済む限りにおいて機械を入れる。言ってみれば当たり前だよね。

大勢の人が働いています。新しい機械を導入しました。その新しい機械によって、この大勢の人の労働力の価値分よりも、もっと少ない価値で、安い値段でこれが買えれば、それは機械を導入する。

だけど機械がいくら便利でも、それがとても高くて、置き換えることができる労働者の数が少ないということになれば、機械は導入しないってことなんだ。機械のほうがたとえ便利であっても、あるいは労働者の辛《つら》い仕事を軽減してくれても、その労働者に辛い仕事をさせていたほうがもうかるのであれば、資本家というのは機械は導入しませんって言ってるの。

実はこの本を読むと、その当時のイギリスの具体的な話がいろいろ出てきます。子どもを働かせたり、労働者が病人になるまで働かせたりしても、機械を入れるよりは安上がりなときには、資本家っていうのは機械を導入しない。だけど機械がだんだん安くなったり、便利になったり、簡単につくれるようになり、大勢の労働者の代わりをしてくれる機械であれば、それは導入しますっていうことなんだ。

PASMOやSuicaを考えよう

わかりやすい例で言えば、田舎の鉄道の駅を考えてみようか。一日に何本も列車が止まらないような駅、そこでPASMOやSuicaを導入するだろうかという話だ。

一日に何本も列車が来ないような駅だったら、そのときだけ駅員さんが一人いて、切符をチェックすれば済むでしょう。その駅員さん一人のほうが、PASMOやSuicaのシステムを導入するより安上がり、ということになる。

だけどJRや各私鉄で、とても大勢のお客さんがいるときに、朝から晩まで複数の駅員さんが見ている場合は、彼らに支払う給料全体のことを考えれば、最初は導入に費用がかかっても、数年でその分は取り戻しちゃうわけだ。

あれは何もJRの社長さんや、私鉄の社長さんが「駅員が一人一人切符を見ているのは、大変だろう、あの人たちの労働量を軽くしてあげよう」という善意からPASMO

やSuicaを導入したわけじゃない。

それだけの人の深夜早朝までの給料を払うよりは、システムを導入しちゃったほうがずっと安上がりだから、あるいはごまかしも防ぐことができるから導入しているのです。マルクスが言っているのは、こういうことです。現代にも通用するでしょう。機械を導入するのは、何も労働者のことを考えているからではない、と書いています。

ということは、もしこれが社会主義になって労働者のことを考えるようになれば、もうかるかもうからないかで機械を導入する、導入しないを決めるのではなく、たとえ機械はうんとお金がかかっても、労働者の仕事が楽になるんだったら、そういうものを導入する、そういう社会になるっていうことを暗にマルクスは言っているということです。

女性や児童も働かされる

機械類は筋肉の力を不要なものにする。そのかぎりで機械は、筋力なき労働者あるいは肉体的に未成熟であっても四肢の柔軟性に富む労働者を使用するための手段となる。だからこそ婦人労働と児童労働は、機械類の資本制的使用が発した最初の言葉となったのである。労働および労働者のこの力強い代用物は、たちまち、労働者家族の全メンバーを性と年齢に関係なく資本の直接の命令下に編入し、それによって賃金労働者の数を増加させる一つの手段と化した。資本家のための強制労働によって、子供の遊び場が奪われたのみならず、良識の枠内で家族自身のために家庭で営まれていた自由な労働の場もまた奪われた。


「機械類は筋肉の力を不要なものにする」、そうだよね。重いものを運んだりするのは機械のほうが簡単です。人間の筋肉の力よりよっぽど強い力を持っています。

「そのかぎりで機械は、筋力なき労働者あるいは肉体的に未成熟であっても四肢の柔軟性」、四肢って手足のことだ。手が二本、足が二本で四肢。

「四肢の柔軟性に富む労働者を使用するための手段となる」

「肉体的に未成熟であっても」、誰のことかって言うと、「だからこそ婦人労働と児童労働は、機械類の資本制的使用が発した最初の言葉となったのである」。非常に文学的な表現だ。

「婦人労働と児童労働は、機械類の資本制的使用が発した最初の言葉となった」

つまり資本主義経済の下で機械を導入すると婦人や児童にも働かせることができるようになったってことだ。

機械がない頃、重い荷物を運んだりするには、ものすごく強い力が必要だ。大人の男にしかできない労働が多かった。機械が導入されて、ベルトコンベヤーで運ばれてくるものに部品をつけるぐらいだったら、大人の男じゃなくたって、できるでしょう。力があまりない女性だって、あるいは、八歳から一〇歳くらいの子どもだって働けるようになるじゃないか。

つまりこうやって機械が導入されると、女性や児童が働かされるようになったということです。

そして**「労働および労働者のこの力強い代用物は」**、つまり機械のことだ。**「たちまち、労働者家族の全メンバーを性と年齢に関係なく資本の直接の命令下に編入し、それによって賃金労働者の数を増加させる一つの手段と化した」**。

昔は力の必要な肉体労働は大人の男一人が働いていた。でも、ベルトコンベヤーみたいな機械で力がいらなくなると、「奥さんも、子どもたちもみんな働けるよね」って言って、家族みんなが働くようになる。

となると労働者の数をいっぺんに増やすことができる。それまでは労働者は家族五人の中で一人しか生み出すことができなかったけど、機械を導入すれば五人がみんな労働者として使えるようになるということです。

そうなると**「資本家のための強制労働によって、子どもの遊び場が奪われたのみならず、良識の枠内で家族自身のために家庭で営まれていた自由な労働の場もまた奪われた」**。

「良識の枠内」、それまで家の中で子どもたちが炊事や洗濯の手伝いをしていたのが、みんな失われ、みんな工場労働に駆り出されてしまった。

機械が導入されると、資本主義の中では、こんなことが起きちゃうっていうことなんだ。もしそうなると、どうなるかな。そもそも労働力の価値って何だったっけ。

労働力の価値は、個々の成人労働者が生きていくために必要な労働時間によってだけではなく、労働者家族が生きていくために必要な労働時間によっても規定されていた。機械類は労働者家族の全メンバーを労働市場に投げ入れることによって、成年男子の労働力の価値を、彼の家族全員に分与する。それゆえ機械は彼の労働力の価値を切り下げるのである。

労働力の価値っていうのはその労働者を再生産するための費用だったよね。

大人の男性一人を雇っている場合は、その人の労働力の価値というのは、その人が翌日元気に出てくるためだけのものじゃないよね。妻や子どもの生活費、子どもの養育費、それらも全部ひっくるめての費用ということだった。だけど家族みんなが働くようになると、この人たちを育てる分までのお金を、この男性に支払う必要はなくなるでしょう。それぞれ一人一人がとりあえず翌日また元気に来るだけのお金を支払えばいい。

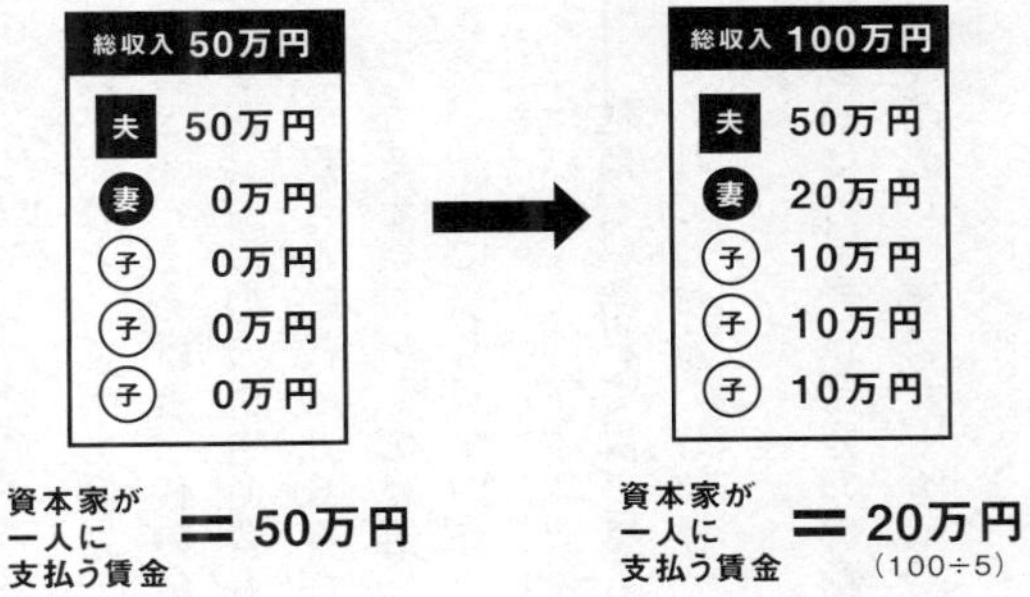

たとえば妻と三人の子どもを養っている男性がいたとしよう。資本家はこの男性に一月五〇万円支払っている。ところが女性や子ども働くようになって、妻に二〇万円、子どもにそれぞれ一〇万円支払われるようになると、この家族の収入は一〇〇万円になるよね。家族全員で働くようになったことで、収入は倍になった。だけど、五人で一〇〇万円の収入ということは、一人あたりでは一〇〇割る五で二〇万円だ。

以前資本家は一人あたり五〇万円支払っていたのが、一人二〇万円で済むようになる。それだけ平均の労働賃金を引き下げることができるんだ。

「それゆえ機械は彼の労働力の価値を切り下げるのである」。っていうことはつまりこういうことだ。

みんなが働くことによって、一人一人の労働力の価値っていうのは引き下げることができるということです。

資本家にとって、労働力の価値である再生産費は、なるべく少ないほうがいい。そうなると、たとえば五〇代の労働者は、子どもが受験の時期を迎えていたりして、費用がかかる。労働力の再生産費も高い。

その点、二〇代の独身者だと、労働力の再生産費は少なくて済む。

となると会社としては五〇代の人を雇うよりは二〇代の人を雇いたい。二〇代の人なら安い給料で済むっていうことになるわけだ。

だから、この世の中、五〇代になって突然失業しちゃうと、再就職はとても難しい。二〇代は安い給料で働いてもらえるから、仕事を失ってもまた再就職しやすい。その理由がこれでわかるでしょう。

以前は労働者が自分の労働力を売っており、彼はそれを形式的に自由な人間として処分できたのである。しかし今では、彼は妻子を売る。彼は奴隷商人となる。

以前は労働者が自分の労働力を売っていた。つまり、「私が一人で自分の労働力を自由に売りますよ」。

「彼はそれを形式的に自由な人間として処分できたのである。しかし今では、彼は妻子を売る。彼は奴隷商人となる」

すごい言い方だよね。これも文学的な言い方だ。昔は自分一人が自由な労働者として労働力を売っていたけど、家族みんなが働くようになると、妻子を売っちゃうわけだ。厳密に言えばその妻子の労働力を売るんだ。妻子を売るならまさに奴隷だけど、そうじゃなくて、奥さんや子どもたちの労働力もまた売るようになる。それを比喩的に「奴隷商人」という言い方をしているということです。

機械類は労働生産性を高めるための、すなわち一商品の生産に要する労働時間を短縮するためのもっとも強力な手段である。したがって資本の担い手と化した機械類は、まずは機械化の波に直接さらされた産業において、労働日をあらゆる自然的限界を超えて延長するためのもっとも強力な手段となる。

「機械類は労働生産性を高めるための、すなわち一商品の生産に要する労働時間を短縮するためのもっとも強力な手段である」

そうだよね。機械を使えば生産性は高まるし、一つの商品をつくるのに短い時間でつくれるようになる。

「したがって資本の担い手と化した機械類は、まずは機械化の波に直接さらされた産業において、労働日をあらゆる自然的限界を超えて延長するためのもっとも強力な手段となる」

この場合の「**労働日**」も労働時間のことです。これまで労働者が全部一人でやっていたところに機械が入ると、その機械によってどんどん生産性が高まる。人間がやっていたら、労働時間の自然的限界があるよね。一人ではとてもこれ以上働けませんという制限があるんだけど、機械を使えばそんなところは簡単に突破しちゃう。

人間だったら、二四時間かかってもつくれないものが、機械があればもっと短い時間にどんどんできちゃう。言ってみれば「**自然的限界を超えて延長するため**」のものに使えるよね。機械を二四時間動かし続け、働いている人が三交代でやれば、それだけいろんなものをつくり出すことができるということを言ってます。

機械は、同じ機能の機械がより安く生産されるようになれば、価値が下がってしまいます。資本家としては、その前に機械を使いきってしまいたいので、労働日を延長させようという動機が働くのです。

機械の導入で労働力を安くする

機械は、労働力の価値を直接切り下げることによって、あるいは労働力の再生産過程に入り込む商品の価格を下げることで労働力を間接的に低廉化することによって、相対的剰余価値を生産する。しかしそれだけではない。機械がまだ散発的にしか導入されていない最初の時期には、機械所有者によって使用される労働は、機械によって密度の高い労働へと変容される。機械はそれによって機械生産物の社会的価値を、その個別的価値以上に高め、資本家は一日の生産物価値のより少ない部分で労働力の一日の価値をまかなえるようになる。それによっても機械は相対的剰余価値を生産するのである。

「機械は、労働力の価値を直接切り下げることによって、あるいは労働力の再生産過程に入り込む商品の価格を下げることで労働力を間接的に低廉化」、「低廉化」っていうのは安くするってことです。安くすることによって「相対的剰余価値を生産する」。

女性や子どもたちも働くようになって、労働力の再生産費を安くすることができた。つまり、労働力の価値を切り下げることができた。

機械を導入することによって、労働力の価値を下げることができる。「労働力の再生産過程に入り込む商品」という労働力の再生産過程とは、労働者が家に帰ってくつろいでいろんなものを食べたり、飲んだり、服を着たり、それによって翌日また元気になる。それが労働力の再生産過程だよね。

そこに入り込む商品の価格を下げる。つまり洋服ならユニクロのようなもの、食べ物ならマクドナルドや吉野家のような安い価格のものだ。大量生産によってものすごく商品を安くすることができるでしょう。機械を導入することによって、大量生産で私たちが買う商品の値段も下げる。それが下がるということは、労働力の再生産費が少なくて済むわけだから、つまり給料は低くすることができる。それによって「**相対的剰余価値を生産する**」。絶対的剰余価値じゃなくて、「**相対的剰余価値を生産する**」。絶対的剰余価値っていうのは、徹底的に労働時間を延ばすわけだ。うんと働かせる。だけど、労働時間を延ばさなくても、機械を導入して、世の中全部で大量生産が行われれば、私たちが生活する上での商品もみんな安くなるから、結果的に労働力は安くなり、相対的剰余価値が生まれてくると言っています。

だけど実は「**それだけではない。機械がまだ散発的にしか導入されていない最初の時期には、機械所有者によって使用される労働は、機械によって密度の高い労働へと変容される。機械はそれによって機械生産物の社会的価値を、その個別的価値以上に高め、資本家は一日の生産物価値のより少ない部分で労働力の一日の価値をまかなえるようになる。それによっても機械は相対的剰余価値を生産するのである**」。

また訳のわからんことが書いてありますが、要するに労働密度が高くなるって言ってるんです。さっき言ったように機械を導入することによって大量生産ができて相対的剰余価値が生まれるだけではない。

たとえば自動車生産で考えると、ベルトコンベヤーが導入される前は、「えーっと、この部品を持ってきて、ここにカチッとはめ込んで、さあ次に……」とやっていた。これは、時間がかかるので効率が悪いとも言えるし、ゆとりがあるとも言える。のんびりしていた。

ところがベルトコンベヤーに乗って、部品を取り付けなければいけない自動車が次から次へとやってくると、息も切らずに必死になってやるでしょう。もう何にも物事を考えることができない。鼻歌なんか歌っていられない。ひたすら部品を組み立てていく。くたびれ果てるよね。労働密度が非常に高くなるんです。それによってたしかに生産性は上がる。機械を導入するとそういうことになる。

かつてチャールズ・チャップリンの映画『モダン・タイムス』にあったよね。ベルトコンベヤーでいろんなものをつくっていると、ひたすら機械に人間が追われていく。もともと人間が機械を使っていたはずが、いつしか機械に人間が使われるようになってしまう。それによって相対的剰余価値っていうのがどんどん大きくなるっていうことを言っています。

労働の密度が高くなる

資本の手中にある機械類は、際限のない労働日の延長を生み出す。そしてそれが、すでに見てきたように、やがて生活の根拠を脅かされた社会からの反動を引き起こし、それとともに法律によって制限された標準労働日をもたらす。そしてこの標準労働日の基盤の上で、われわれが以前に遭遇した一つの現象が決定的に重要なものになっていく――すなわち労働の高密度化である。絶対的剰余価値の分析においては、とりあえず労働の延長的な長さが問題とされ、労働の密度については与えられたものとして前提されていた。われわれは今や、延長的な長さが密度ないし強度へと転換する過程を観察する必要がある。

そして、「資本の手中にある機械類は」って、要するに資本家が導入した機械は、「際限のない労働日の延長を生み出す」。労働時間がどんどん延びていく。機械を使うんだから、これをフルに使おうといって、労働者がひたすら働かされる。

「それが、すでに見てきたように、やがて生活の根拠を脅かされた社会からの反動を引き起こし、それとともに法律によって制限された標準労働日をもたらす」

「標準労働日」というのは、要するに基準労働時間のことです。機械が導入され、みんながひたすら働かされ、労働者が朝から晩まで働かされるようになると、労働者の生活がおびやかされる。過労で死んでしまう人がいる。そうなると「それではいけない、労働者の権利を守ろうよ」という運動が起きてくる。それによって労働時間を制限するという法律ができてくる。

前に取り上げましたが、当時のイギリスでは一日一〇時間労働に制限する法律ができました。つまり法律によって制限が加えられます。あまりにめちゃくちゃな働かせ方はできなくなる、ということになります。これ以上働かせちゃだめということになると何が起きるのか。

「そしてこの標準労働日の基盤の上で、われわれが以前に遭遇した一つの現象が決定的に重要なものになっていく——すなわち労働の高密度化である。絶対的剰余価値の分析においては、とりあえず労働の延長的な長さが問題とされ、労働の密度については与えられたものとして前提されていた。われわれは今や、延長的な長さが密度ないし強度へと転換する過程を観察する必要がある」と言っています。

つまりもう労働時間は限られちゃった。前は絶対的剰余価値の話でいえば、働く時間をどんどん延ばしていくというやり方があった。でもそれはだめだという法律ができちゃった。労働者の権利を守るために労働時間はここまでとなっちゃった。じゃあしょうがない。その枠内でやるにはどうしたらいいか。その短い限られた時間の中で徹底的に働かせましょう。それが「**労働の高密度化**」ということです。

絶対的剰余価値においては、とりあえず労働の延長的な長さ、時間を延長すること自体が問題とされ、「**労働の密度については与えられたものとして前提されていた**」。「**与えられたものとして**」っていうのは、経済学の専門用語では「所与の」という言葉になるんですが、つまり労働の密度はこういうものだって、最初からこれだけって決めて論じていた、ということです。労働の密度が増えるとか増えないとかという話はさておいて、長さのことだけを言ってたけど、労働時間を長くできなくなっちゃったら、その限られた時間の中で、「**密度**」、あるいは「**強度へと転換する過程を観察する必要がある**」。つまりもう限られた時間の中で、労働者をより激しく厳しく働かせようとするようになった。それを観察しよう、ということです。

すなわち労働日の延長による剰余価値生産の増大の道が最終的に断たれた時点から、資本は全力を尽くし、また十分に意識的に、機械システムの発達を加速させることによって相対的剰余価値の生産に打ち込むようになる。

そこで、「労働日の延長による」、つまり労働時間の延長で、剰余価値を生産するという道が最終的に断たれた。もう労働時間の延長ができなくなっちゃった。そうなると「資本は全力を尽くし、また十分に意識的に、機械システムの発達を加速させることによって相対的剰余価値の生産に打ち込むようになる」。

もう、絶対的剰余価値はこれ以上増やすことができなくなっちゃった。じゃあ相対的剰余価値を一生懸命増やそう。つまり生産性を上げるために、機械をもっと導入していこう。生産性をよくする、効率をよくする。労働者を徹底的に搾り取る、密度の濃い労働をさせるための機械を、どんどんどんどん導入していこうということになってくる、ということだね。

労働日の短縮は、生産力の発展と生産条件の効率化に巨大なインパクトを与える。それとともに同一時間内における労働支出が増大し、労働力の緊張が高められ、労働時間の隙間がより濃密に埋められる。つまり労働者は短縮された労働日の範囲内で最大限、労働を凝縮するよう強いられる。

「労働日の短縮」、つまり労働時間の短縮は、「生産力の発展と生産条件の効率化に巨大なインパクトを与える」。

以前は効率なんか考えないで労働者をただ長時間働かせていればいいと思ってたんだ。ところが労働時間はもうこれ以上増やせなくなると、じゃあどうすれば効率よく働かせることができるかってことを考えるようになる。それが結果的に生産力の発展になる。生産条件が効率化していくっていうことだ。

「それとともに同一時間内における労働支出が増大」する。つまり同じ一時間なら一時間に、これまで以上に必死になって働かなければいけなくなりましたというのが、「労働支出が増大し」という意味です。

「労働力の緊張が高められ、労働時間の隙間がより濃密に埋められる。つまり労働者は短縮された労働日」、つまり労働時間「の範囲内で最大限、労働を凝縮するよう強いられる」。

だから前は、のんべんだらりと働いていて大目に見てもらえていたのが、この時間に帰らなければいけないんだから、休憩時間をぎりぎりまで削って「働け、働け」というふうになっちゃったっていうことを言っているわけです。

機械は労働者の競争相手に

労働手段は機械になったとたんに労働者自身の競争相手になる。機械による資本の自己増殖は、機械によって生存条件を破壊される労働者数と正比例する。資本制生産の全システムは、労働者が自分の労働力を商品として売ることのうえに成立している。分業はこの労働力を、部分道具を扱うきわめて特殊化された技能に一面化する。道具の操作が機械に奪われると、労働力はとたんに使用価値と同時に交換価値をも失う。労働者は、通用しなくなった紙幣と同様、売れなくなる。労働者階級のうち、機械類によって余剰人口と化した部分、すなわち資本の自己増殖にもはや直接には必要とされない人口と化した部分は、（中略）労働市場をあふれさせ、その結果、労働力価格をその価値以下に下落させる。

そして「労働手段は機械になったとたんに労働者自身の競争相手になる」。今度は機械が労働者にとっての競争相手になっちゃった。機械が入ってくることによって労働者がクビになっちゃうこともあるわけだ。

「機械による資本の自己増殖は、機械によって生存条件を破壊される労働者数と正比例する」

機械がどんどん入ってくると、機械によって労働者が置き換えられちゃうから、「生存条件を破壊される労働者」っていうのはつまり仕事がなくなっちゃう、クビになってしまう労働者のこと。「機械による資本の自己増殖」ってのは機械が増えていくってこと。機械が増えていけばそれだけ労働者が職場を追われ、仕事を失う、失業者が増えていくっていうことなんだ。

そして、「資本制生産の全システムは」って、これ要するに「今の資本主義経済」と置き換えればいいのです。いまの資本主義経済って「労働者が自分の労働力を商品として売ることのうえに成立している」。

そうだよね。だけど「分業はこの労働力を、部分道具を扱うきわめて特殊化された技能に一面化する。道具の操作が機械に奪われると、労働力はとたんに使用価値と同時に交換価値をも失う。労働者は、通用しなくなった紙幣と同様、売れなくなる。労働者階級のうち、機械類によって余剰人口と化した部分、すなわち資本の自己増殖にもはや直接には必要とされない人口と化した部分は、労働市場をあふれさせ、その結果、労働力価格をその価値以下に下落させる」。

長い文章ですが、工場に新しい機械が入って、これまで労働者が働いていた部分が機械によって置き換えられるようになると、労働者がどんどん仕事を失っていっちゃうっていうことを言ってるにすぎません。

「道具の操作が機械に奪われると、労働力はとたんに使用価値と同時に交換価値をも失う」

使用価値を失う。つまり労働者として労働力を使うという使用価値がいらなくなる。

機械が代わりにやってくれるから。ということはもうその労働力は買わない、そんなやつは要らない、買わない、つまり交換価値を失うっていうことだ。

そうなれば機械がどんどん増えていけば労働者の仕事がなくなる。クビになっていく労働者が増えます。リストラ。新しい機械を導入することによって、労働者が必要なくなりましたっていって、労働者がどんどん失業させられる。それがどんどん労働市場をあふれさせるっていうことだ。

最近はＡＩ（人工知能）の発展によって、人間の仕事が奪われるのではないかと心配されている。これも同じことなんだ。

余剰人口により給料が引き下げられる

ある一つの工場の中で働いてる人たちがいると考えてください。その工場の外側に、何としても働きたいという人が大勢いるようになると、資本家としては、「お前に給料こんなにあげなくてもいいんだ。お前にこんな高い給料払ってるよりも、もっと安い給料で働きたいって人が周りにいくらでもいるんだぞ」と言い出す。

「給料上げろ」と言うと、「いや、そんなら他の人に代わってもいいんだよ」って返事をされると、それ以上何も言えなくなるよね。むしろ給料が下がっていく。

あなたは「春闘」という言葉を知っていますか。春闘、春の闘い。最近の若い人は聞いたことがないかも知れません。

新年度は毎年四月から始まるでしょう。新年度が近づくと、社員の給料をどうしようかという検討が行われます。その結果、働きぶりによって、次の年度から、給与表のランクが一つ上がることがあります。これが定期昇給です。

大体どこの会社もそうだけど、給料が一五等級とか一四等級とか、A級、B級、C級とか、企業によって呼び方は異なりますが、年齢が上がり、勤続年数が多くなると、給料が上がっていきます。

そのときに、物価が上がっていたり、会社がすごくもうかったりしていると、単なる定期昇給だけではなくて、そもそもの給与の基本、ベースを上げてくれ、という要求を労働組合が出します。これが「ベースアップ」要求です。

そういう要求を労働組合が出しますが、失業者があふれているときに、果たして、こういう要求は通るだろうか。

中には、労働組合の要求通りのベースアップができる余裕の会社があったとしても、失業者があふれていれば、「この給料に不満なら、どうぞ会社を辞めてもいいですよ」と強気に出られますね。結局、給料を上げるという要求は通りにくくなります。

そう考えると、資本家にしてみると、「就職させてくれ」と頼む失業者が適度に存在したほうが、労働者の給料を抑えることができる、ということになります。

労働者の能力を高める必要も出てくる

大工業はみずからの破局を通じて次のことを認めざるをえなくなる。すなわち労働の転換を、したがって労働者の能《あた》うかぎりの多面性を一般的な社会的生産法則として承認し、その正常な実現に状況を適合させていくことが、大工業の死活を制する問題なのだということを。刻々変化する資本の搾取要求にいつでも応えられるように窮乏した労働者人口を予備要員として確保しておくという異常事態の代わりに、いかなる労働要求にも対応できる人間の絶対的適応性を育成すること、たんなる社会的部分機能を担う部分的個人の代わりに、さまざまな社会的機能が相互にバトンタッチし合えるような活動様式をそなえた全面的発達をとげた個人を育成することが、大工業にとっての死活問題となるのである。工学や農学の専門学校は、大工業の基盤の上で自然発生的に発達したこの変革過程の一要素であり、また労働者の子供たちがテクノロジーやさまざまな生産用具の実際的取扱いを学ぶ職業学校は、別の一要素である。

また難しい言い方をしてますが、何が言いたいかというと、機械を導入して、どんどん働く人を機械に置き換えていった、働く人をどんどん外に追い出していった。そうなると、これまでよりも少ない労働者で仕事をしていかなければならない。単純労働をしていた労働者は機械によって置き換えることができたけど、それ以外の人の労働量は、むしろ増えることになる。

いろんな機械を使わなければいけない。使っていた機械が古くなった。新しい機械に変わりました。まったくの新型の機械、これまでとは使い方が違います。新しい機械をすぐ使いこなせるような人たちがいなければいけないよね。ということは、労働者の能力を高めなければいけなくなってくるわけだ、会社として、あるいは資本主義のこの世の中として。

それがここに書いてある、**「いかなる労働要求にも対応できる人間の絶対的適応性を育成すること」**、あるいは**「相互にバトンタッチし合えるような活動様式をそなえた全面的発達をとげた個人を育成すること」**が必要になるっていうことなんだ。

機械がどんどん入ってきて、これまでの単純労働がなくなっていく。限られた人数でいろんな機械を動かさなければならなくなると、この労働者たちの「絶対的適応性」、つまり何でもこなしますという能力が必要になる。あるいは、「全面的発達をとげた」人間が必要なんだということです。つまり優れた能力が必要になります。

となるとどうするか。昔は児童労働があったよね。学校に行くことができず、だから読み書きや計算ができなくたってできる、この部品をここに据え付ければいいという肉体労働の仕事だった。教育なんか考えなくてよかったわけだ。

でも新しい機械が出てきて、機械操作をするためには読み書きができなければいけないでしょう。あるいはこの機械のボタンを押すと、なんでこんなことが起きるのかってことを知っていないと簡単な修理もできない。あるいは、このボタンを押してはいけないってことがわからないまま機械を壊してしまうかもしれない。その機械のことをよく知っていなければいけない。

だから算数ぐらいじゃなくて、算数よりもうちょっとレベルの高い数学、あるいは物理や化学やあるいは外国語の読み書きができないと、機械を扱うことができないとなる。そうなると、これまで働く人の教育なんか全然考えてなかったんだけど、工学や農学の専門学校、あるいはテクノロジーを教える職業学校、そういう学校が必要になってくるんだよっていうことなんだ。

そういう学校は、その会社がお金を出して学校をつくることもあれば、資本家たちが政治家に働きかけて、そういう学校を税金でつくれと要求することもあります。

それによってさまざまな職業学校が出てきます。職業学校は、もちろんそれぞれの専門的な知識を得て働きたいという若者たちのためのものでもあるけれど、同時に、資本家にとっても必要な教育施設になる。

いまでいえば、たとえば専門高校。旋盤とかいろんな機械が扱えるような人を、資本家がやるんじゃなくて、国が税金でそういう人たちを育ててくれれば、安上がりな養成でそういう人たちを雇うことができる。だから大規模な工場ができ、さまざまな機械が発達してくると、そういう労働者を育てていかなければいけない。労働者を教育していかなければこの世の中やっていけなくなるっていうことなんだ。

マルクスがいた一九世紀のイギリスでも、だんだんそういう学校がつくられるようになります。労働時間は短くなり、その分、子どもたちにはちゃんと学校に行かせ、いろんなことができるようになって、絶対的適応性を身につけた労働者を雇うことが、結局資本にとってはプラスになるんだ、資本家にとっていいことなんだってことになります。

ということは、資本家としては金もうけのために労働者を育てようとするんだけど、労働者の側から言えば、英語も数学も国語も社会も理科も勉強できるようになる。それだけ人間として全面的に発達していくチャンスが与えられることにもなるわけですね。

資本家は金もうけのために教育をするんだけど、教育を受ける側からすれば、いろんなことを勉強することによって、これまで知らなかった世の中のことを知るよね。知らなかった世界のことを知っていく。それは人間として全面的に発達していくことになるっていうことだ。

だからさっきも言ったように、資本主義というのは、何も悪いことばかりではない。

みんなが一緒になって働く、協力して世の中を動かしていく、協力して働くとそういう力を身につける、そういう生きがいを身につけると同時に、子どものころからさまざまな教育を受けられるようになってくる。資本主義というのは資本家は金もうけのためにいろいろやるんだけど、それは結果的に労働者が能力を高めていくことにもなるっていうことを、マルクスは言っているんです。

第12講

労働賃金とは何か

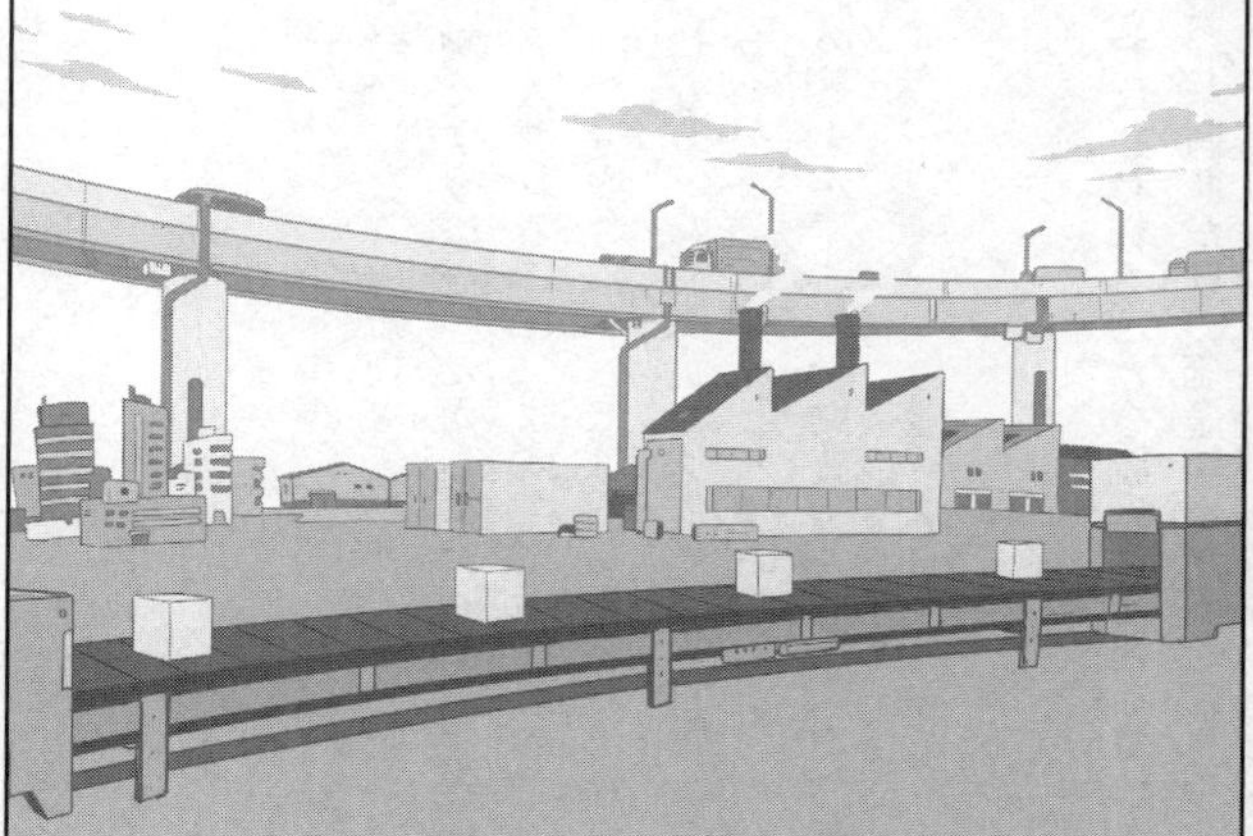

給料とは「労働賃金」

先ほどまでの話は、経済が発展して資本主義経済になり大規模な工場ができたということでした。あるいは大規模な工場でみんなが働くようになったからこそ、資本主義経済なのだという話をしました。大規模な機械が導入されることによって、労働者がどんどん仕事を失い、失業者が増える一方で、残された労働者については、あるいはこれからの労働者についてはしっかりした教育が必要になり、教育に力を入れることによってまた、人間として全面的に発展する、そういうチャンスもあったという話でした。

これから給料、経済学では「労働賃金」といいますが、この労働賃金ってなんだろうかということをやりましょう。

最初はおさらいからです。

労働力の販売は、つねに一定の期間についておこなわれることを読者は記憶しているだろう。それゆえ、労働力の一日あたりの価値、一週あたりの価値等々が直接に具現す

る変容形態は、日当賃金等の「時間賃金」の形態である。

「労働力の販売は、つねに一定の期間についておこなわれることを読者は記憶しているだろう」つまり一週間とか一か月とか一年とかですね。「それゆえ、労働力の一日あたりの価値、一週あたりの価値等々が直接に具現する変容形態は」って、また訳のわからんこと言ってるね。こういうのは無視していいですからね。これは、趣味でこういう表現をしているので。

要するに労働力の一日あたりとか、一週間あたりの価値というのは、時間賃金ですよ、と。いまでこそ正社員となると、「初任給はいくらですよ」っていう形になってますが、一九世紀には、正社員になっても時間給いくらですよ、という時給の形で賃金が支払われていました。あるいは、週給いくらって形で支払いが行われていたのがごく一般的だったんです。

日本の正社員ですと、基本給がいくらですという形になって時間給には見えてこないんだけれども、でも考えてみれば、一日八時間労働で、一か月間に休日が何日、つまり実労働時間が何時間で給料がこれだけだってことで計算すれば、結果的に時間給っていうのは出てきますね。

コンビニエンスストアやファミリーレストランで働くと、昼間の時間給より深夜勤務のほうが高いでしょう。当然深夜勤務のほうがより疲れるわけだから、労働力の再生産費がかかるでしょう。昼間働けば、夜はちゃんと眠ることができるわけだから労働力の再生産費ってのは、少なくて済むわけだ。深夜働いたら本当にくたくたになるから、その分栄養を取らなきゃいけない、たっぷり眠らなきゃいけないってなると再生産するのにお金かかるわけだ。だから深夜は割り増しの時間給っていうのをもらえるわけ。要するに時間賃金です。

労働力の価値は、その機能の継続時間が長くなればそれだけ消耗が進むため増加し、しかもその機能の継続時間の増加よりも早い比率で増加する。それゆえ、労働時間の法的制限がなく、時間賃金が支配的な多くの産業部門では、自然発生的に次のような習慣ができあがってきた。すなわち労働日をある一定の点まで、たとえば一〇時間のところまで、標準的とみなすという習慣である（「標準労働日」、「日当労働」、「正規の労働時間」）。そしてこの限界を超えれば、労働時間は規定外時間（オーバータイム）となり、時間単位で割増しが支払われる（エクストラ・ペイ）。ただしその割増率はしばしば、ばかげたほどわずかなものである。こうなると標準労働日は、現実の労働日の一部分として存在することになり、一年を通じて現実の労働日が標準労働日よりも長く続くということもしばしば起こる。（中略）いわゆる標準時間中の労働の価格があまりに低いために、労働者は、そもそも満足な労働賃金を得ようとするなら、より支払いの多い規定外時間に働かざるをえないのである。労働日の法的制限は、こうしたうま味のある話に終止符を打つ。

「労働力の価値は、その機能の継続時間が長くなればそれだけ消耗が進むため増加し、しかもその機能の継続時間の増加よりも早い比率で増加する」

長い時間働けばそれだけくたびれちゃう、消耗しちゃうから、当然長ければ長いほど労働力の価値は上がります。

「労働時間の法的制限がなく、時間賃金が支配的な多くの産業部門では、自然発生的に次のような習慣ができあがってきた」

つまり、「すなわち労働日」、労働時間だ。「ある一定の点まで、たとえば一〇時間のところまで、標準的とみなすという習慣である」。標準労働時間だ。「標準労働日」って書いてありますが、標準労働時間。

ちょうどこのころ、イギリスでは一〇時間労働というのがあったという話をしましたね。だから一〇時間を標準的とみなす、標準労働時間、あるいは正規の労働時間という考え方が出てきた。

労働力は消耗するものだから、消耗しちゃうとその分お金を払わなければいけなくなる。それなら時間を制限しましょうということになって、一〇時間労働のような、一定の労働時間を標準的とみなす習慣ができた。あるいはそれが法律で定められたのです。

残業代が払われるが

「そしてこの限界を超えれば、労働時間は規定外時間（オーバータイム）となり、時間単位で割増しが支払われる（エクストラ・ペイ）」

いわゆる日本でいうところの残業代です。たとえば夕方の六時で通常の勤務が終わります。そのあと八時まで働いたとする。そうすると、その二時間分の残業代が払われます。これは割り増しで、昼間の本来の勤務時間の時間賃金よりも、大体三割増しぐらいです。これがエクストラ・ペイね。

つまり本来六時に終わって家に帰れるはずなのに、さらにそのあと二時間余計に働くってことは、それだけ消耗するわけだから、その分割り増ししてあげましょうっていうことになってるわけ。

「ただしその割増率はしばしば、ばかげたほどわずかなものである」と、書いてあります。日本だと二割ないし三割だけど、その割り増し率は、果たして高いといえるのだろうか、ということです。

「こうなると標準労働日は、現実の労働日の一部分として存在することになり」、つまり決まっている時間よりも実際にはもっと働いちゃうわけだから、実際働いている時間より標準労働日っていうのはもっと短い時間ということになります。

「一年を通じて現実の労働日が標準労働日よりも長く続くということもしばしば起こる」

日本だと、これが当たり前になっています。毎日残業し、本来決められた日数よりもさらに働いちゃう。で、それは**「いわゆる標準時間中の労働の価格があまりに低いために、労働者は、そもそも満足な労働賃金を得ようとするなら、より支払いの多い規定外時間に働かざるをえないのである。労働日の法的制限は、こうしたうま味のある話に終止符を打つ」**。

最後の一行はともかく、その前までを解説すると、あまり長時間働かせちゃいけないというので、習慣的にあるいは法律によって労働時間が決められた。それ以上働く場合はちょっと割り増ししてあげましょうっていうことになると、労働者側からすると、受け取れる給料を増やすために進んで残業をしようということになります。

残業して、残業代を稼ぐことを前提にして、生活設計が行われます。マイホームを買って住宅ローンを借り、住宅ローンを返済する場合に、自分の給料からいくら返済できるかと考えたときに、大体サラリーマンっていうのは、自分の基本給、本来時間外勤務を一切しない給料がこれだけだからその限りで払えるようにしようとは考えないんだ。毎月、何十時間時間外労働をしてその分余計に手当てをもらっている。これだけ時間外労働すれば、「この手当ての分で、住宅ローンが返せるな」と考えて、返済計画を組んじゃう。

つまりここに書いてある通り、満足な労働賃金を得ようとして、本来の時間よりもっと働いちゃう。だから急に景気が悪くなって仕事が減って残業がぱたっとなくなると住宅ローンが返せなくなるなんてことが起きたりするわけ。まさにいまの日本のことを言っているようなもんだ。

一九世紀にマルクスはこう書いていたんだけど、まさに同じことが日本で起きているのです。

だけど、ズルズル働いて、残業をあまりにもやりすぎるとそれもまた人間的ではないので、残業時間についてもここまでにしましょうという法律の規定ができます。

日本でもそういうのがあります。だから「**労働日**」、つまり労働時間「**の法的制限は、こうしたうま味のある話に終止符を打つ**」、もうそれもできなくなっちゃう、限界がありますということでした。

出来高賃金も時間賃金と同じもの

時間賃金は労働力の価値ないし価格の変容形態であったが、同様に出来高賃金は時間賃金の変容形態以外の何ものでもない。

出来高賃金においては一見、労働者によって売られる使用価値は、彼の労働力の機能、すなわち生きた労働ではなく、すでに生産物に対象化された労働であるかのように見える。そしてあたかもこの労働の価格は、時間賃金の場合のように、（労働力の日当価値）／（与えられた労働日の時間数）という分数によってではなく、生産者の作業能力によって決められているかのように見える。（中略）時間賃金においては労働が、その直接的持続時間によって測られ、出来高賃金においては労働が一定の持続時間内に凝固して生まれる生産量によって測られる。（中略）したがって出来高賃金は時間賃金の一変形にすぎない。

さてそこで出来高賃金の独特の性格をもう少し詳しく見てみよう。

労働の質はここでは製品自体によって監視されている。一個についての価格が完全に支払われるには、製品は平均的な品質をそなえていなければならない。（中略）あらかじめ決められ、経験的に固定された商品量に体現される労働時間だけが、社会的に必要な労働時間とみなされ、それをもとに支払いがおこなわれる。（中略）出来高賃金が決まっていれば、労働者にとってはもちろん、自分の労働力をできるだけ高密度に行使することが個人的利益となる。しかしそれによって資本家は密度の標準的水準をより容易に高めることができる。（中略）出来高賃金は個性に対して、より大きな裁量の余地を与えるため、一方では労働者の個性、自由感、自立、自己抑制などを発達させる傾向があると同時に、他方では労働者間の、あるいは労働者同士の競争を強化する傾向がある。それゆえに出来高賃金は、個人的な労働賃金を平均水準以上に高めるとともに、その平均水準そのものを引き下げる傾向をもつ。

今度は、時間賃金以外の出来高賃金についても考察しています。

「時間賃金は労働力の価値ないし価格の変容形態であったが、同様に出来高賃金は時間賃金の変容形態以外の何ものでもない」

給料には、一時間働いたらいくらというやり方と、もう一つあります。出来高払いです。たとえば「これを明日までにつくってください」と依頼し、明日までにできてきたら、「その製品についていくら払いますよ」というのが出来高賃金です。

「何時間働いたらいくら払いますよ」ではない。この製品をつくり上げたら、これを納入してくれたら「いくら払いますよ」というのが出来高賃金です。

でも、この出来高払い賃金、出来高賃金というのも、実は時間賃金が変化したものにすぎないって言っています。

それはどういうことかというと、

「出来高賃金においては一見、労働者によって売られる使用価値は、彼の労働力の機能、すなわち生きた労働ではなく、すでに生産物に対象化された労働であるかのように見える。そしてあたかもこの労働の価格は、時間賃金の場合のように、(労働力の日当価値)／(与えられた労働日の時間数)」、労働力の日当価値割る与えられた労働日の時間数「という分数によってではなく、生産者の作業能力によって決められているかのように見える」。

またまた難しい言い方だな。

「生きた労働ではなく」、「生産物に対象化された労働であるかのように見える」

出来高賃金で納入された製品には、労働者が働いた努力の結晶が詰まっています。これが「対象化された労働」です。

そもそも時間賃金とは、一時間あたりの賃金ですね。だから何時間働いたらいくらという計算が大変楽だった。「きょう一日八時間働いてください、そうしたら、日当八〇〇〇円払いますよ」、といえば一時間あたりの時間賃金は一〇〇〇円。非常にわかりやすいよね。ところが、出来高賃金ではこういう形で見えない。でき上がったものにいくら払うっていうやり方をする。

ということはこれは時間賃金に見えない。生産者の作業能力、つくった人の能力によって、労働賃金は決まる。労働時間によって決まるわけじゃないというように見えるけど、実はそうじゃないというのがマルクスの見解です。

時間賃金というのは「**直接的持続時間**」、働いた時間によって賃金は計算されます。

それに対して、

「**出来高賃金においては労働が一定の持続時間内に凝固して生まれる生産量によって測られる**」

つまり出来高払いについていえば、何時間働くかに関係なく、たとえば製品の個数に応じて八〇〇〇円を払います。何時間働こうと関係なく八〇〇〇円というふうに決まっている。でも、これをつくるのに時間がかかっているわけだから、結局この八〇〇〇円を製造にかかった時間で割れば、時間賃金が出てくるじゃないか。これだって、請け負った金額をでき上がるまでにかかった時間で割れば、時間賃金と同じなんだっていうことになります。

ここまでいい？　そういうことだよね。ところが出来高賃金は、資本家にとって非常に都合がいいことがある。何が都合がいいのかっていうと、時間賃金の場合は、「時間賃金一〇〇〇円で八時間働いてくださいね」と指示しますね。労働者は、八時間働いていればいいわけだ。手抜きが可能ですね。

ところが出来高賃金は、でき上がったものがいいのか悪いのかだけで判断されるでしょう。「いいものができてきたら、そこでお金を払います。欠陥製品なんか納めてきたらお金払いません」っていう話だよね。ということは、手抜きなどできず、一生懸命やんなきゃいけないわけだ。監督する人がいないんだよね。「どうぞつくって納入してくださいね」って言われるわけだから。目の前で見てる人がいない。だけどでき上がったものはちゃんとしたものじゃなきゃいけないから、自分で一生懸命やらざるをえないわけだ。

だから出来高賃金っていうのは、実は、原理的には時間賃金と同じなんだけど、それ以上についついがんばっちゃうっていうことなんだ。

だから「労働の質はここでは製品自体によって監視されている」。つまりちゃんとしたものかどうかかっていうことだ。だから「一個についての価格が完全に支払われるには、製品は平均的な品質をそなえていなければならない」。

そうだよね。せめて平均程度の品質がなければお金払われません、となると、「あらかじめ決められ、経験的に固定された商品量に体現される労働時間だけが、社会的に必要な労働時間とみなされ、それをもとに支払いがおこなわれる」

つまり、大体みんなが普通に働くと、これをつくるのに八時間かかる、となると、その八時間が社会的に必要な労働時間とみなされる。だから八時間分のお金を払いましょうということにすぎないというふうに言っています。

「出来高賃金が決まっていれば、労働者にとってはもちろん、自分の労働力をできるだけ高密度に行使することが個人的利益となる」

「高密度に行使する」、つまり八時間かけないで六時間で仕上げてしまえば、あとまた残りの時間で、次の仕事にとりかかれるじゃないか、というのが高密度です。

となると労働者は一生懸命働いちゃう。つまり能率が上がるわけだ。でき上がったものにお金を払いますというやり方をしたほうが、労働者は一生懸命働いちゃう。だからうんと密度が濃くなる。ということはそれによって資本家は密度の標準的水準を容易に高めることができるというわけです。

みんながこれをつくるために八時間だったのが六時間でつくるようになるから、みんなが競争して、結果的に短時間でいいものがつくれるようになるというわけです。

そうなると**「出来高賃金は個性に対して、より大きな裁量の余地を与えるため」**、つまりみんなそれぞれ自分たちが好きなようにやっていい、それぞれの個人の働き方が自由にできます。それによって**「一方では労働者の個性、自由感、自立、自己抑制などを発達させる傾向がある」**。

そうだよね、労働者の個性によって、八〇〇〇円のものを六時間でつくろうとがんばる人もいれば、「別に一〇時間かけてもいいや」っていう人もいるだろうし、休み休みやる人もいるだろうし。目の前に監督官がいないから、とっても自由だし、「自分でつくるんだぜ」って自立するし。あるいは、いまは遊びに行くのをやめて真面目に働こうといって自己抑制などの能力が発達してくる。

「同時に、他方では労働者間の、あるいは労働者同士の競争を強化する傾向がある」

つまり、「あいつになんか負けるか、俺はもっといいものをつくるんだ」、「同じ時間だったら、俺のほうがいいものをつくれるぞ」ってなったり。「あいつが八時間でつくっているなら、俺は六時間でやってやる」、「いや、四時間でつくってしまおう」ってみんなが競争するようになる。

「それゆえに出来高賃金は、個人的な労働賃金を平均水準以上に高める」

一生懸命がんばることによって、個人の賃金を引き上げることができる。とともに、

「その平均水準そのものを引き下げる傾向をもつ」

つまり最初は八時間で八〇〇〇円というものを、「よし、六時間でつくってしまおう」ってがんばる。その分一時間あたりのお金は増える。だから労働者はがんばって六時間でつくろうということによって、一時間あたりの賃金は上がる。

ところが、みんなが六時間でつくると、前よりたくさん品物が納入されるでしょ。

そうなれば、「八〇〇〇円も払えません。六〇〇〇円でいいでしょう」ということになっていきます。みんながんばることによって、実は賃金が下がってしまうかもしれない。そういう傾向がある。これが出来高賃金というものです。

自分が好きなようにつくってくださいっていうと、人間やっぱりがんばっちゃうわけだ。がんばっちゃうことによって、資本家にしてみれば、結局安く済むということになるわけです。

第13講

資本が蓄積される

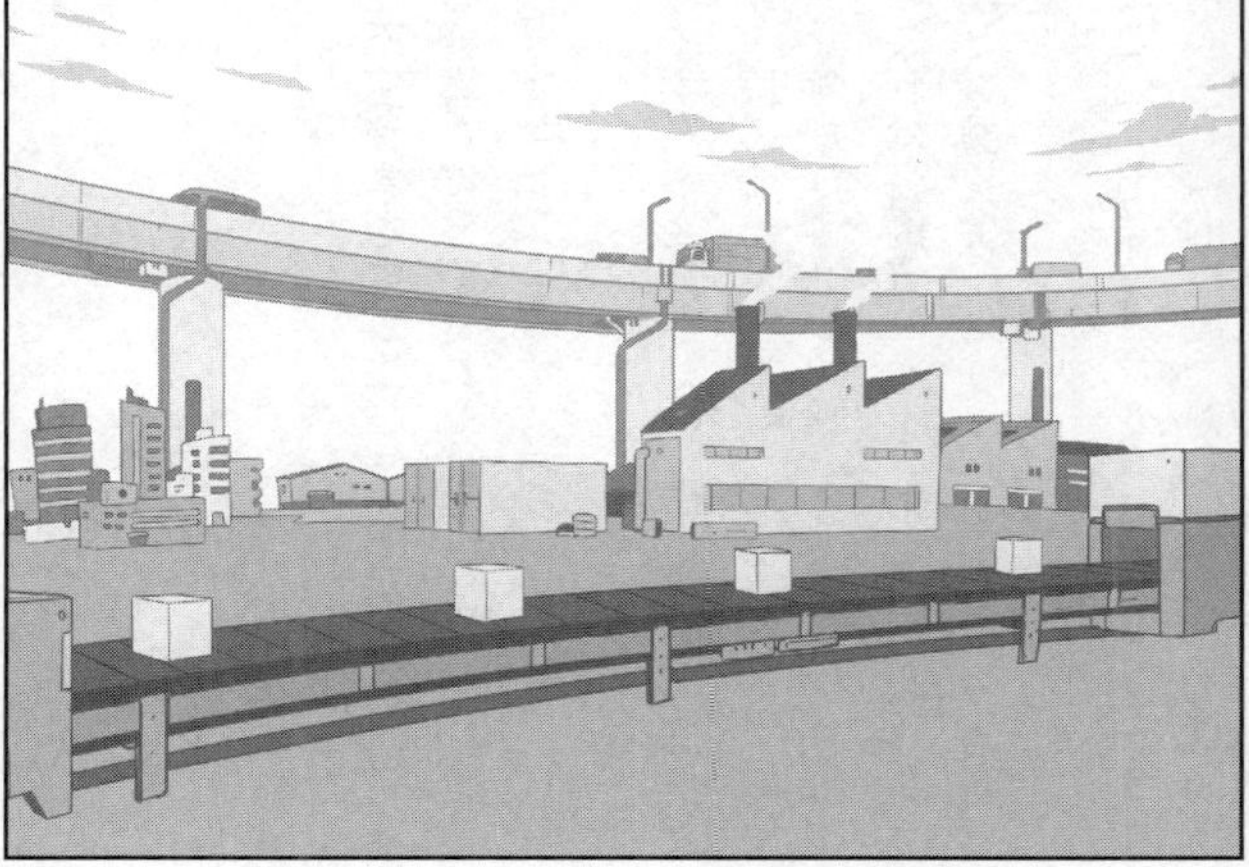

「資本の有機的組成」

価値の側から見れば、資本の組成は、資本が不変資本ないし生産手段の価値と、可変資本ないし労働力の価値、すなわち労働賃金の総額とに分割される比率によって決まる。（中略）資本の価値組成を資本の有機的組成と呼ぶことにする。

資本というのは不変資本と可変資本に分かれます。不変資本とは、生産手段の価値でしたね。工場だったり、機械だったりする生産手段の価値でした。可変資本というのは、労働力の価値でした。労働力の価値とは何かというと、それは賃金のこと、給料と同じこと。労働力、つまりこれは労働賃金とイコールでもありました。つまり資本とは、あらかじめある生産手段と労働賃金に分けられますということです。

この比率、この割合を「**有機的組成**」と呼ぶことにしますとマルクスは言っています。この部分は、『資本論』の日本語訳者によって、「有機的組成」だったり、「有機的構成」だったりしますが、この本では「有機的組成」です。

この「有機的組成」の意味はまた出てきますが、全体の資本の中で、不変資本の比率が高まると、「**有機的組成が高まる**」という言い方をします。比率が五〇％から七〇％になると、不変資本の比率が高まった、ということを有機的組成が高まった、といいます。

だから何なの、と突っ込みを入れたくなりますでしょう。この話は、あとで出てくるんですよ。もっと読者にわかりやすい構成になっていればいいのにね。ついついマルクスの構成通りに『資本論』を読んでいくと、こういう形になっちゃったんですが、あとでここの話はまた出てきます。とりあえずここはこれだけにしておいてください。

労働賃金上昇には限度がある

資本の蓄積欲求が労働力ないし労働者数の増加を上まわり、労働者への需要がその供給を上まわり、したがって労働賃金が高騰するということが起こりうる。いやそれどころか、上の前提が変わらないままに継続していけば、最後にはそこに行きつかざるをえない。毎年、前年度よりも多くの労働者が雇用されることによって、遅かれ早かれ、蓄積の欲求が通常の労働供給を凌駕《りょうが》しはじめる時点が、すなわち賃金上昇が始まる時点が到来せざるをえない。(中略) しかし、賃金労働者が確保され、かつ増加するという比較的有利な状況が存在したとしても、それによって資本制生産の根本性格が少しでも変わるわけではない。単純な再生産がたえず資本関係自体を再生産し、一方に資本家を、他方に賃金労働者を再生産するのと同じように、拡大された規模での再生産すなわち蓄積は、拡大された規模での資本関係を再生産し、一方の極にはより多くの、あるいはより巨大な資本家を、他方の極にはより多くの賃金労働者を再生産する。(中略) したがって資本の蓄積は、すなわちプロレタリアートの増加である。

「資本の蓄積欲求が労働力ないし労働者数の増加を上まわり、労働者への需要がその供給を上まわり、したがって労働賃金が高騰するということが起こりうる」

これまで資本家によって労働者の給料っていうのはどうも引き下げられるって話をしたけど、そうじゃないこともありますと言ってるんだ、ここは。

「資本の蓄積欲求が労働力ないし労働者数の増加を上まわり」ということは、つまり、資本の蓄積欲求というのは、もうけたいという欲望です。手っ取り早くもうけるためには、労働者をさらに雇うしかないという状況が出てきます。つまり労働者への需要が、その供給を上回るということです。

労働者の数は限られてるけれど、いま労働者を多数雇って働かせばもうかるとわかっていれば、少しくらい給料を高く払っても労働者を雇うことがあるのです。

もうかりそうなとき、景気がいいときには、「労働賃金が高騰する」。高騰っていうのは値上がりするっていうことです。賃金が値上がりするってことがあるわけです。労働者の数は限られてるんだけど、いまならもうかる、いまつくればとにかく売れる、じゃあとにかく人が足りないんだったら、ちょっと給料高くしてでも来てもらおうということになって、給料は上がっていきます。つまり景気がいいときに、そういうことになるわけだ。

「それどころか、上の前提が変わらないままに継続していけば、最後にはそこに行きつかざるをえない」。つまり必ずそうなっちゃうっていうことだ。

「毎年、前年度よりも多くの労働者が雇用されることによって、遅かれ早かれ、蓄積の欲求が通常の労働供給を凌駕」、労働者への需要が労働供給を超える、「凌駕しはじめる時点が、すなわち賃金上昇が始まる時点が到来せざるをえない」。

資本家が金もうけのために一生懸命になってくると、労働者の給料が上がることがあるのです。

「しかし、賃金労働者が確保され、かつ増加するという比較的有利な状況が存在したとしても、それによって資本制生産の根本性格が少しでも変わるわけではない」

つまりそうやって給料が上がっていったからといって、労働者が尊重されるようになったわけではない。労働者を搾取して、剰余価値を生み出すという根本的な性格は変わっていませんって言ってるんです。

資本の蓄積はプロレタリアートの増加

「単純な再生産がたえず資本関係自体を再生産し、一方に資本家を、他方に賃金労働者を再生産するのと同じように、拡大された規模での再生産すなわち蓄積は、拡大された規模での資本関係を再生産し、一方の極にはより多くの、あるいはより巨大な資本家を、他方の極にはより多くの賃金労働者を再生産する。（中略）したがって資本の蓄積は、すなわちプロレタリアートの増加である」

大変難しい言い方なんですが、要するに労働者を雇って働かせてお金もうけをするっていうことを繰り返せば、巨大な資本家、要するにものすごい大きな大企業、とてつもないお金持ちの大資本家を一方で生み出します。その一方で、働く人が増えていけば、一方には労働者、ここでは「プロレタリアート」という言い方をしていますが、労働者が増加していきます。

「プロレタリアート」というのは、労働力しか持っていない、それ以外に何にも持っていない労働者のことです。

つまり片方には、巨大な資本家が、片方には労働力を売るしかない弱い立場のプロレタリアートがはっきり分かれるということです。

資本蓄積の結果、労働価格が上昇するということは、現実には、賃金労働者が自分自身で鋳造した金の鎖が大きく、また重たくなることによって、その鎖に以前よりもたるみが許容されるようになる、ということにすぎない。

でもそうやって給料が増えていくと、それは「資本蓄積の結果、労働価格が上昇するということは、現実には、賃金労働者が自分自身で鋳造した金の鎖が大きく、また重たくなることによって、その鎖に以前よりもたるみが許容されるようになる、ということにすぎない」。

これはまた、文学的な表現ですね。この表現の前提には、労働者は鉄の鎖に縛り付けられているという比喩があるからです。

労働者っていうのは自分の労働力を売って働くしかないよね。資本家のもとで工場で働く、そこで働いて給料をもらうことによってしか生活できない。それってたとえていえば、まるで奴隷みたいに鉄の鎖で縛り付けられてるようなものだ。でも給料が上がっていくということは、鉄じゃなくて、金の鎖だとたとえている。金は鉄より重いから多少のたるみができる。つまりこれまでまったく身動きできなかったのに、ちょっとゆとりができるだけだ。

前は資本家にぎりぎり縛り付けられていたのが、ちょっとたるんだおかげで少し自由になった。ちょっと前より給料が増えたからといっても、単に鉄の鎖が金の鎖になりちょっと緩んだにすぎない、本質は変わってないって言っています。

給料がちょっと上がったからといって、自分の労働力以外に売るものがない、資本家が労働者を搾取して剰余価値を生み出すという仕組みが変わったわけではありませんと言ってるんです。

労働者階級によって供給され、資本家階級によって蓄積された不払労働の量があまりに急速に成長したために、常軌を逸した支払労働の追加によってしか、それが資本に変容しえないという場合には賃金は上昇し、そして他の条件がすべて同じであれば、不払労働は相対的に減少する。しかしこの減少がある点まで進行し、資本を養っている剰余労働がもはや通常の量では供給できなくなると、そのとたんに反動が生じてくる。収入のうちの資本化される部分が少なくなり、蓄積は鈍化し、賃金上昇の運動は反撃を受ける。つまり労働価格の上昇はある限界のなかに閉じ込められており、この限界は資本制システムの土台を傷つけないだけではなく、このシステムをますます大規模に再生産することを保証している。

「労働者階級によって供給され、資本家階級によって蓄積された不払労働の量があまりに急速に成長したために」、不払労働の量、つまり剰余価値だ。労働者が働いて生み出した剰余価値を蓄積した。それが急激に成長しちゃったから、もっと増やすためには労働者を雇わなければいけない。

「常軌を逸した支払労働の追加によってしか、それが資本に変容しえないという場合には賃金は上昇し」、もってまわった言い方だ。要するにもうけるためには労働者が必要だっていう状態のときには、労働賃金は増えます。ということはその分「不払労働は相対的に減少する」。

不払労働が減るっていうことは、つまり剰余価値の部分が減ってくるわけだ。

「しかしこの減少がある点まで進行し、資本を養っている剰余労働がもはや通常の量では供給できなくなると、そのとたんに反動が生じてくる。収入のうちの資本化される部分が少なくなり、蓄積は鈍化し、賃金上昇の運動は反撃を受ける。つまり労働価格の上昇はある限界のなかに閉じ込められており、この限界は資本制システムの土台を傷つけないだけではなく、このシステムをますます大規模に再生産することを保証している」

難しい言い方をしていますが、要するにもうけのチャンスが出たら、会社としては、労働者を雇わなければいけない。労働者の数は限られている。突然人間が増えるわけじゃないから、限られた労働者をいろんな企業が奪い合い、「じゃあ給料を高くしますから、うちに来てください」ということになる。

それによって給料がどんどん上がっていく。でも、いつまでも上がるわけはないよね。これ以上払ったらもうからない、という段階で給料の上昇はストップします。つまり給料というのはいつまでも上がり続けるのではなく、資本家がもうかる範囲の中で労働者の給料は増えたり、減ったりしてるにすぎないっていうことだ。

結局は資本家あってこそ労働者の給料は決まる。孫悟空がお釈迦様《しやかさま》の手の平から外へ飛び出すことができなかったように、いくら給料が増えたからといって、結局は資本家の財布の限度内でしか、給料は増えたり減ったりしないっていうことを言ってるわけです。

第14講

失業者をつくり出す

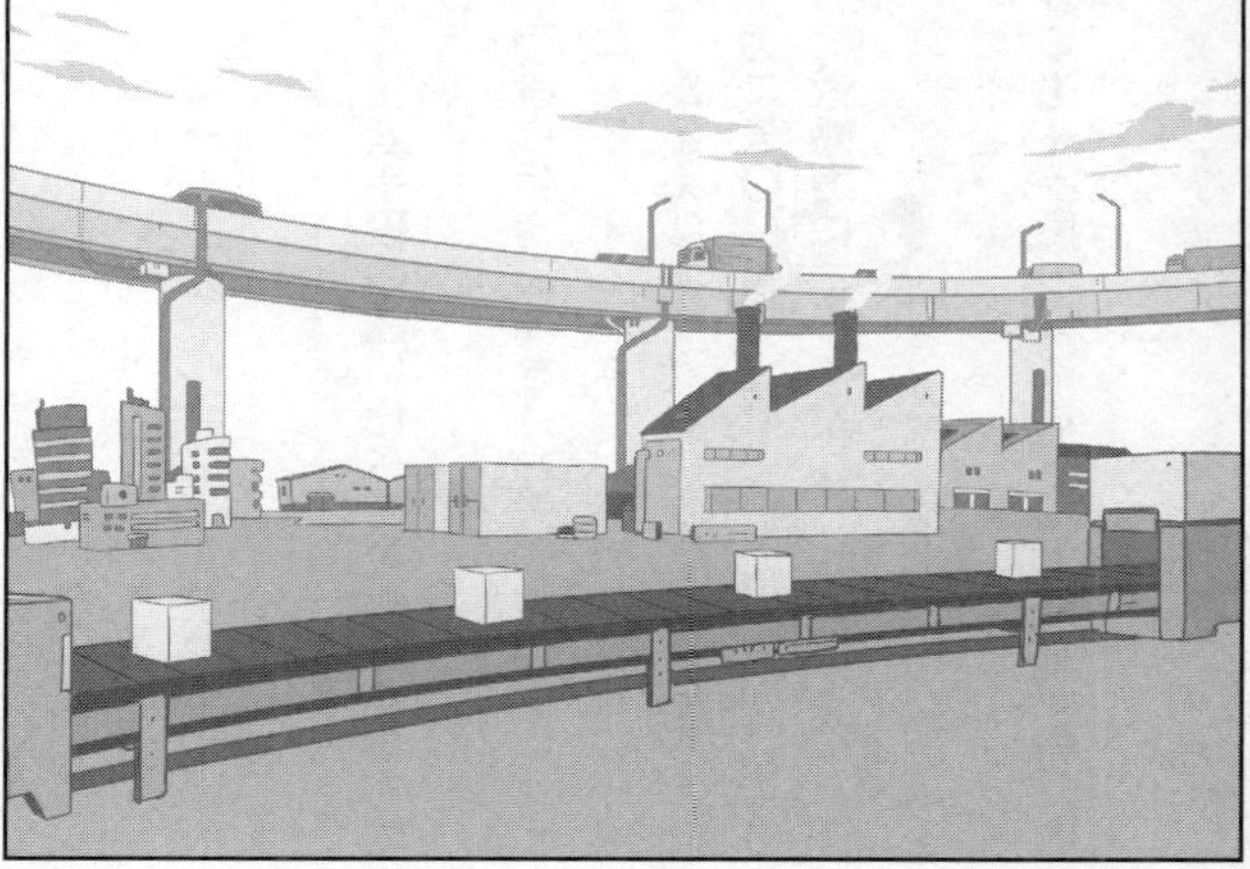

生産性は高くなるが

労働生産性の向上は、労働によって動かされる生産手段の量に比べて労働量が相対的に減少することのなかに現われてくる。(中略)
資本の技術的組成のこの変化、すなわち生産手段に生命をふき込む労働力の量に比した生産手段の量的増大は、その価値組成のなかにも反映する。すなわち資本価値の不変部分が可変部分を犠牲にして増加するのである。たとえばある資本について百分率で計算すると、もともとは生産手段に五〇%、労働力に五〇%投下されていた資本が、のちに労働の生産度が発展すると生産手段に八〇%、労働力に二〇%投じられるようになる、といった具合である。

「労働生産性の向上は、労働によって動かされる生産手段の量に比べて労働量が相対的に減少することのなかに現われてくる」
「労働生産性」とは、たとえばこれまで一〇〇人でなければつくれなかったものが五〇

生産手段（工場・機械など）の価値

‖

$$\frac{\text{不変資本}}{\text{可変資本}} = \text{有機的組成}$$

‖

労働力の価値（賃金）

人できるようになると生産性が高まると表現します。前より少ない人数で同じものがつくれるようになれば生産性が向上する。あるいは前と同じ人数で前よりもたくさんものがつくれるようになれば生産性が向上したということになります。

だから労働によって動かされる生産手段の量、不変資本だね。ここに比べて労働量である可変資本が相対的に減少してきます。

労働生産性が向上するということは、可変資本の比率が減ってくることを意味します。これまでより少ない人数で同じ分だけものがつくれるっていうことだ。

そこで、「資本の技術的組成のこの変化、すなわち生産手段に生命をふき込む労働力の量に比した生産手段の量的増大は、その価値組成のなかにも反映する」。

何のことかっていうと、つまり、不変資本の比率が高まりますよ、ということです。不変資本と可変資本の比率は、有機的組成でしたね。つまり「資本の有機的組成が高まる」という言い方になるんです。

資本主義経済においては次第に生産性が高まってくる。機械を導入することによって、働く労働者の数は少なくて済むようになる。相対的に少なくなる。もちろん絶対的に多くなる場合もあるわけだ。企業が大きくなって社員をたくさん雇ってもっと大規模な工場を建設するってときには労働者の数は絶対的に増えるけれども、あるものをつくっているときに機械の割合が多くなれば、相対的には労働者の数は減っていくでしょう。

このように、不変資本の比率が、次第に高まるんです。資本主義経済が進めば進むほど、相対的に労働者の数は少なくて済みます。

それが「有機的組成が高まる」という言い方です。つまり経済が発展するにつれて有機的組成は高まっていく。つまり労働者の比率は減ってくるということなんですね。

もともとは量的拡大としてのみ現われた資本の蓄積は、すでに見てきたように、その組成をたえず質的に変化させながら、すなわち、その可変的構成部分を犠牲に不変的構成部分を持続的に増加させながら進行していく。

最初の頃は、ただひたすら資本それ自体の量を拡大させるのに必死だったけれど、やがて、質的変化を遂げる。「その組成をたえず質的に変化させながら、すなわち、その可変的構成部分」、可変資本「を犠牲に」して「不変的構成部分」、不変資本「を持続的に増加させながら進行していく」。

資本主義が発展すると、相対的に労働者はあまり要らなくなってきますといってるわけ。

労働に対する需要が減る

労働に対する需要は、総資本の大きさにともなって相対的に減少し、しかもその大きさが増すにつれて加速度的に減少する。たしかに総資本が増加すれば、可変的構成部分、あるいはそこに取りこまれた労働力もまた増加するには違いないが、しかしそれが占める割合は減少しつづける。(中略)総資本の可変的構成部分は、総資本の増加とともに加速度的に相対的減少を起こす。(中略)

ところが他方、この相対的減少によって、逆に労働者人口の方が、可変資本、すなわち彼らの雇用手段の増加よりもつねに速いスピードで絶対的に増加しているように見える。しかし実際はむしろ、資本制的蓄積はそのエネルギーや規模に比例して、つねに相

対的な過剰労働者人口、つまり資本の平均的な価値増殖欲求にとっては必要のない余剰労働者人口を生産するのである。

労働に対する需要、つまり労働者を雇いたい、労働者に来てくださいという需要は、資本が大きくなるにつれて相対的に減ってくる。資本の有機的組成が高まるにつれて、労働者はあまり要らなくなっていく。資本全体が増えれば労働者を雇いたいという需要も増えるけれども、その割合はどんどん減り続けますっていうことだ。

「**総資本の可変的構成部分は、総資本の増加とともに加速度的に相対的減少を起こす**」資本主義経済が発展し資本が大きくなり、経済が発展する、資本全体が増えれば増えるほど可変資本、労働者が必要だという需要は相対的に減ってきます。ところがその一方で、労働者の数がどんどん増えているようにも見えますと言っています。実はこれは実際に労働者が増えているわけじゃないけれど、増えているような状態になります、ということです。

「**資本制的蓄積は**」、資本制的蓄積ってことは、資本が大きくなっていくって意味です。労働者が働いてつくり出した剰余価値、その剰余価値でまた新しい工場をつくり、機械を入れて、資本がどんどん大きくなっていった。資本制的蓄積というのは、そのことです。蓄積が増えると「そのエネルギーや規模に比例して」、これがどんどん大きくなればなるほど「相対的な過剰労働者人口、つまり資本の平均的な価値増殖欲求にとっては必要のない余剰労働者人口を生産するのである」ということ。

つまり経済が発展するにつれて雇わなければいけない労働者の数は相対的に減ってくる。減ってくるってことは、働きたいって人がいても、「いや、あなたは必要ありませんよ」と言われる。働きたくても働けない人の割合が増えてくるということになる。

これが余剰労働者人口です。余っている。働く場所がない人が増えてくる。つまり失業者のこと。要するに失業者が増えちゃう。

経済がどんどん発展し、資本それ自体が大きくなっているときには、労働者が必要な比率は減っていても、全体のパイが大きくなっていれば、労働者はどんどん雇える。

しかし、比率が減ってくるっていうことは、資本があまり拡大しなくなると、働ける労働者の数は減ってしまうんだ。つまり景気が悪くなると失業者がすごく増えてくるということになるわけです。そこでこの後また文学的な表現をしてます。

したがって労働者人口は、自分たち自身が生み出した資本の蓄積によって、自分たち自身の相対的過剰化のための手段をより大規模に生産するにいたる。（中略）これこそが資本制生産に固有な人口法則なのである。（中略）

しかし、過剰労働者人口が資本制を基盤とした蓄積ないし富の発展の必然的産物であるとすれば、この過剰人口はまた逆に、資本制的蓄積の梃子《てこ》、いやそれどころか資本制生産様式の存立条件の一つとなる。過剰人口は、あたかも資本が自分の費用で育てあげたかのように、資本に絶対的に帰属する、いつでも使える産業予備軍となる。過剰人口は、時々に変化する資本の価値増殖欲求のために、現実の人口増の制約とは無関係に、つねに準備のととのった搾取可能な人間材料を作り出す。

「したがって労働者人口は、自分たち自身が生み出した資本の蓄積によって、自分たち自身の相対的過剰化のための手段をより大規模に生産するにいたる」

つまり労働者が一生懸命働いて資本を生み出し、この資本が大きくなったことによって、逆に労働者はあまり要らなくなってきてしまう。一生懸命働いたことによって、余剰労働者、失業者を増やしちゃってると。労働者は一生懸命働いて資本を増やしたことによってむしろ失業しやすくなってきちゃうってことを言ってるわけです。

「これこそが資本制生産に固有な人口法則なのである」というふうに言っています。つまり資本主義がどんどん発展していくと相対的な過剰人口、つまり失業者を必然的に生み出してしまうんだ。

景気がよくなれば失業者は減る、景気が悪くなれば失業者が増えるというのは当たり前なんだけど、有機的組成が高まるにつれて相対的に労働者はあまり要らなくなってきちゃう。ということは、長期的には相対的な余剰労働者が、増えてきてしまうということなんです。

資本主義がこうやって発展すると、この過剰労働者が増えちゃうということは、逆にいえばそれによってこそ資本主義っていうのは成り立っているっていうことなんだ。

失業者が大勢いる、働きたくても働けない人が大勢いれば、それだけ給料は引き下げることができるよね。だから給料があまり上がらないようにすることによって、発展することができる。労働者が一生懸命がんばって余剰労働者をつくり出しちゃってるけど、そういうことがあるからこそ資本主義は成り立っているっていうふうに言ってるわけです。

「産業予備軍」をつくり出す

だから「過剰人口は、あたかも資本が自分の費用で育てあげたかのように、資本に絶対的に帰属する、いつでも使える産業予備軍となる」。

この余剰労働者、これを「産業予備軍」といいます。軍隊ふうに言ってるわけです。

会社や工場などで働くのを待っている予備軍という意味で現役の実戦部隊じゃないっ

ていうこと。軍隊でいえば、本当に戦争をする、あるいはいつでも戦争に参加できるよっていう軍隊以外に、普段は普通の生活をしてるんだけども、いざ戦争になったら兵隊となって駆けつけますという人たちを予備軍といいます。この軍隊の言い方を労働者に置き換えたわけです。

つまり産業予備軍は、いつでも働けます。つまりいまは働いてないってこと。失業者ということなんだ。

労働者が一生懸命働いて資本を大きくしてしまったことによって、自分たちが失業者になっちゃったんだけど、それはまるであたかも資本が自分の費用で育て上げたかのように、まるで資本がこういう産業予備軍をつくり出したかのようにも見えますよということですね。

「過剰人口は、時々に変化する資本の価値増殖欲求のために、現実の人口増の制約とは無関係に、つねに準備のととのった搾取可能な人間材料を作り出す」

「現実の人口増の制約とは無関係に」、つまり現実問題としてはそれぞれの国でベビーブームがあったり、たくさん子どもが生まれたり、そうでなかったり、人口が増えたり減ったりって自然にあるよね。自然現象としてあります。だけどそれとは関係なく資本主義経済というのは、必然的に失業者をつくり出す。全員がもれなく働いているなんてことない、必ず失業している人、仕事を求めているけど仕事がないって人が生まれる。

それはこういう仕組みになっているからだということです。

それだけ準備の整った搾取可能な人間材料。「いつでも働きますから資本家のみなさん、搾取してください」と待ってる人たちをつくり出しちゃうんだというふうに言っているということです。

全体として言えば、労働賃金の一般的な運動は、もっぱら産業循環の局面変転に応じた産業予備軍の膨張と収縮によって規定されている。すなわちそれは労働者人口の絶対数の動きによって決まるのではなく、労働者階級を現役軍と予備軍に分割する比率の変動によって決まる。つまり過剰人口の相対的規模の増加と減少によって、すなわちあるときは吸収され、あるときは放出されるその度合いによって決まるのである。

「全体として言えば、労働賃金の一般的な運動は、もっぱら産業循環の局面変転に応じた産業予備軍の膨張と収縮によって規定されている」

産業循環って、景気がよかったり悪くなったり、好景気、不景気を繰り返すことです。不景気が深刻になれば、恐慌です。

景気がよくなっても、いつまでもは続かない。やがて悪くなるけれど、悪くなり続けることもない。いずれまた景気はよくなる。これを産業循環といいます。

マルクスの頃は、一〇年単位で、恐慌を伴う産業循環が起きていました。

資本家は、金もうけのために競争するでしょう。「**洪水は我れ亡きあとに来たれ！**」。あとのことは知ったこっちゃない、自分がもうかればいいんだ。他のやつはどうでもいい、自分がもうかればいいんだとたくさん商品をつくります。たとえば人気商品をつくり出して、売れたらいっぱいつくるよね。もうかるんだから。どんどんつくっていく。そうすると他の資本家も、「あれをつくるともうかるんだ」と考えれば、同じものつくり出すよね。最初は売れてるけれど、みんながいっぺんにつくれば、いつしか売れなくなる。買う人は限られているわけだから。突然在庫が山のようになり、売れなくなるわけだ。

「**産業循環の局面変転に応じた産業予備軍の膨張と収縮によって規定されている**」つまり景気がよくなると、失業者が減る。産業予備軍が収縮するわけだ。となると給料は上がる。

一方景気が悪くなると失業者が増え、産業予備軍が膨張しちゃうから、賃金は下がるというわけだ。だから「**労働賃金の一般的な運動は産業予備軍の膨張と収縮によって規定されている**」。需要と供給で決まるっていうことだよね。だけどそれは、自然に生まれる労働者の数ではなく、労働者階級を現役軍と予備軍に分割する比率の変動によって、決まる。

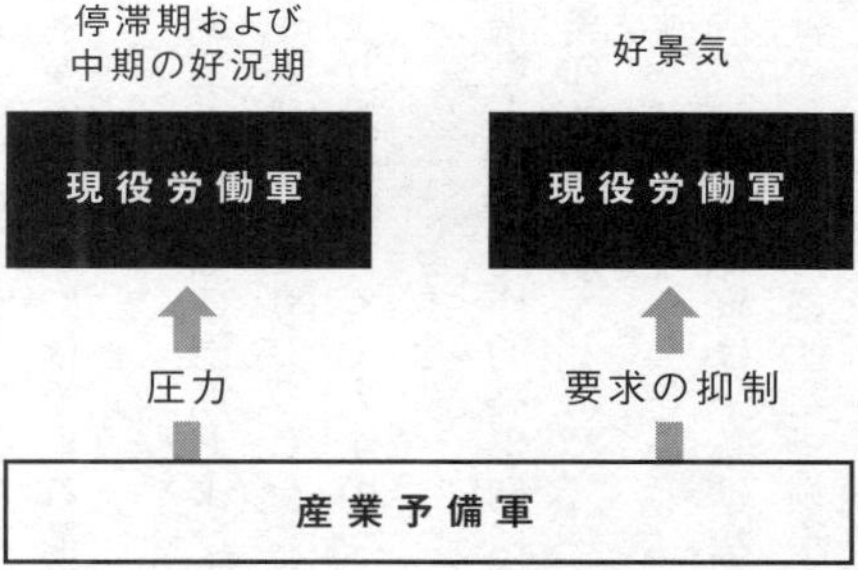

「つまり過剰人口の相対的規模の増加と減少によって、すなわちあるときは吸収され、あるときは放出されるその度合いによって決まるのである」

　だから賃金が増えるか減るかというのは、その国で新たに生まれてくる人数が多いか少ないかではなくて、資本の働きによって産業予備軍の人たちがどれだけ生み出されるかによって給料が決まると言っているのです。

　さっきまでいろいろ言ってきたのをここで全部まとめて言ってるのですね。この後も同じことです。

　産業予備軍は停滞期および中位の好況期には現役労働者軍に圧力を加え、過剰生産と発作的高揚期には現役軍の要求を抑制する。すなわち相対的過剰人口は、労働の需給法則が

動いていくさいのバックグラウンドをなしている。それはこの法則の作用範囲を、資本の搾取欲と支配欲に絶対的に好都合な限度内に閉じ込める。（中略）資本制生産のメカニズムは、資本が絶対的に増加しても、それに伴って一般的労働需要が相応に上昇することがないように仕組まれているのである。

「産業予備軍は停滞期および中位の好況期には現役労働者軍に圧力を加え」る。つまり景気が悪かったり、そこそこ景気がいいくらいのときだったりしたら、圧力を加える。つまり働きたいって人がいっぱいいるわけだから、現役の労働者の給料はとても上げることなんかできません。

「過剰生産と発作的高揚期には」

「発作的高揚期」とはバブルのことです。景気がよくなってバブルになって、何でも売れちゃうなんていうときにも、働きたいっていう人が大勢いる場合は、「給料上げろ」と言っても、要求は少しはかなえられても、抑制され、全部がかなうわけではない。それはやっぱり外に産業予備軍がいるからということだ。

「すなわち相対的過剰人口は、労働の需給法則が動いていくさいのバックグラウンドをなしている」

労働者に対する需要供給の法則には、そのバックに相対的過剰人口というものがあるということです。

「それはこの法則の作用範囲を、資本の搾取欲と支配欲に絶対的に好都合な限度内に閉じ込める。資本制生産のメカニズムは、資本が絶対的に増加しても、それに伴って一般的労働需要が相応に上昇することがないように仕組まれているのである」

先ほどの繰り返しです。いくら資本が急激に増えたからといって、労働者の需要が急激に増えることはない。その増え方は非常に緩やかなんだっていうことをここは言ってるわけだ。そういうふうに仕組まれているっていうことです。

「派遣労働者」のことだった

相対的過剰人口は実にさまざまな濃淡がみられる。どの労働者も、半雇用者ないし非雇用者であるあいだは過剰人口に属する。過剰人口には、産業循環の局面変化におうじて周期的に反復する大きな形態がある、たとえば恐慌期には急性的に、不況期には慢性的に過剰人口が現われるといったふうである。

「相対的過剰人口は実にさまざまな濃淡がみられる。どの労働者も、半雇用者ないし非雇用者であるあいだは過剰人口に属する」

半雇用者とは、派遣労働者だ。あるいはパート労働者だ。半分雇用、つまり正社員じゃない人たちのことで、いつでも首を切ることができる。

一九世紀のマルクスは「半雇用者」という言い方をしていますが、現代ではこれは派遣労働者のことですね。あるいは季節工、季節労働者です。契約を打ち切られた人、クビになっちゃった人、失業しちゃった人は過剰人口に属する。つまり派遣労働者も実は産業予備軍なんだってことなんだよね。

派遣労働者も働いているから現役の労働者かなって思ってたんだけど、いつでも契約を打ち切られるわけでしょう。非常に立場が弱いよね。ということはその人は産業予備軍ってことなんだ。

逆にいうと、産業予備軍がいることによって、現役の労働者、正社員の給料を抑える働きがあるわけでしょう。だから派遣労働者が大勢いれば、「給料が安くても働きたい人がこんなにいるんです」ということになり、正社員が給料上げてと言っても、なかなかこれが認められないってことになる。

だから派遣労働者が増えるってことは、派遣労働者にとって身分が不安定なだけではなく、正社員の人たちにとっても給料が上がらない、労働条件が悪くなるのです。

産業予備軍がいることによって、現役の労働者の労働条件が悪くなったり、給料が悪くなったりするということは、現代においてはこれは実は派遣労働者のことなんだ。マルクスはいまのことを言ってる、って気がついたんだよね。びっくりでした。

金融不安で失業者が増えたわけ

「過剰人口には、産業循環の局面変化におうじて周期的に反復する大きな形態がある。たとえば恐慌期には急性的に、不況期には慢性的に過剰人口が現われるといったふうである」

二〇〇八年九月、アメリカで大手投資銀行のリーマン・ブラザーズがつぶれて以降、急激に景気が悪くなって、派遣労働者がどんどん切られたでしょう。派遣切り。何万人もが急に仕事を失った。これがまさに、急性的にっていうこと。

急激な景気の落ち込みではなく、ちょっと景気が悪いなっていうときには慢性的。二〇〇八年秋から二〇〇九年初めにかけて、まさに急性的に過剰人口が出現した。何十万人もが突然仕事を失い、産業予備軍が誕生したのです。一九世紀にマルクスが言ってたことが、起きたのです。

「格差社会」が出現する

産業予備軍の相対的大きさは、富の力とともに拡大する。しかし、この予備軍の現役労働軍に対する比率が大きくなればなるほど、固定的な過剰人口もそれだけ大量に発生する。（中略）労働者階級の最下層と産業予備軍が大きくなればなるほど、公認の救護貧民もまた増大する。これが資本制的蓄積の絶対的一般法則である。（中略）その法則は、資本の蓄積に対応する窮乏の蓄積をもたらす。したがって一方の極における富の蓄積は、同時にその対極、すなわち自分自身の生産物を資本として生産している階級の側における窮乏、労働苦、奴隷状態、無知、残忍化と道徳的退廃の蓄積である。

「産業予備軍の相対的大きさは、富の力とともに拡大する」

資本主義が発展し、資本が大きくなればなるほど、相対的に産業予備軍っていうのも出てくる。

「しかし、この予備軍の現役労働軍に対する比率が大きくなればなるほど、固定的な過剰人口もそれだけ大量に発生する」。要するに過剰人口が多くなる。

「労働者階級の最下層と産業予備軍が大きくなればなるほど、公認の救護貧民もまた増大する」

「救護貧民」、一九世紀の救護貧民っていうのは、仕事がなく、住む場所もない、このままでは飢え死にしてしまう人に対して、政府が手を差し伸べた。それが救護貧民。

現代でいうと、これが生活保護ということになります。いまは生活保護という仕組みがあるわけだ。働きたいという意欲は持っているけれど、仕事がない。その上マイホームも持っていない人については、生活していくのがやっとぐらいのお金が、とりあえず生活保護の制度として支払われてます。二〇〇八年の暮れから、生活保護を受ける人が増えました。

産業予備軍が増えれば、生活保護を受ける人も増えます。

「これが資本制的蓄積の絶対的一般法則である」というわけだ。一九世紀の一般法則が、二一世紀のいまも通用している。まさにこれが資本主義の一般法則だっていうことだ。

「その法則は、資本の蓄積に対応する窮乏の蓄積をもたらす」

資本の蓄積ってわかるよね。資本がどんどん増えていくこと。お金持ち、資本家のお金が増えていくこと、というのが資本の蓄積。それに対して文学的な表現だよね、**「窮乏の蓄積をもたらす」**とは。つまり貧しい人、生活保護を受けないと生きていけないような人たちが一方で増えてくるということ。まさに格差社会のことだ。格差社会が広がるよって言ってるわけ。資本主義が発展すると格差社会が広がりますよということです。**「したがって一方の極における富の蓄積は、同時にその対極、すなわち自分自身の生産物を資本として生産している階級の側における」**、つまり労働者のこと。労働者における**「窮乏、労働苦、奴隷状態、無知、残忍化と道徳的退廃の蓄積である」**。

生活苦から犯罪に走る人も出るよね。そんなニュースが増えています。まさに**「残忍化」、「道徳的退廃の蓄積」って、そういうことだよね。生きていくためにはしょうがないっていう形でこんなことをする人がいるっていうことなんです。

派遣労働者がホームレスになる

ここでわれわれは一つの民衆層に目を転じよう。この民衆層は農村を出身母体とし、その大部分が工業に従事している。彼らは資本の軽歩兵であり、資本はみずからの必要に応じてあるときにはこちら、あるときにはあちらという具合に彼らを配備する。行軍しないときには、彼らは「野営」する。（中略）鉄道建設など大規模投資を要する事業では、たいがいは企業家自身が自分の軍隊に木造小屋その他を供給する。（中略）請負人は労働者を産業兵士としてのみならず、借家人として二重に搾取することができ、きわめて有利である。

「ここでわれわれは一つの民衆層に目を転じよう」。ある民衆を見てみましょう。「この民衆層は農村を出身母体とし、その大部分が工業に従事している」。つまり地方から出てきて都会で働いています。

「彼らは資本の軽歩兵であり」、軽歩兵って軍隊の中で身軽に動く歩兵。機関銃を持っていたり、戦車に乗っていたりするわけじゃない。身軽に銃一つを持って動く、それを軽歩兵といいます。彼らはつまり、地方から出てきて、都会で工場で働いている人は、**「資本の軽歩兵であり、資本はみずからの必要に応じてあるときにはこちら、あるときにはあちらという具合に彼らを配備する」**。

「ちょっと必要だから派遣労働者で来てくれませんか。ここに仕事があります」「はい、派遣しますよ」。まさに配備する。派遣労働者は必要に応じて各地に配備されるのです。「新しく工場をつくることになり、働く人が必要だから、派遣労働者三〇〇〇人を送ってください」と言われて、地方に出かけた。するとまもなく、「この工場の仕事がなくなりました。あっちの工場がありますから、あっちに行ってください」。派遣労働者っていつも、「はい、ここの仕事終わりました。次はあっちに行ってください」ってそこらじゅう行ったりきたりしてる。

当時もこう言ってるわけ。**「資本の軽歩兵」**だと。あちらとこちらという**「具合に配備する。行軍しないときには彼らは野営する」**。ホームレスだ。仕事があるときにはそれぞれ仕事に行くけれど、仕事がなかったら野宿するしかない。これが現代でいうホームレス。

路上生活ではつらいから、ネットカフェで時間をつぶす。仕事がないわけだから住む場所もなくなるわけだ。派遣されて行っている間は、その会社が用意したアパートに暮らしてるけども、「はい、仕事がなくなりました。もうあなたここで働くわけじゃないですから」ってアパートを追い出されるでしょう。そうすると野宿するしかない。

一九世紀のマルクスが言っていたことが、いままさに現実となってきてるわけだ。「**鉄道建設など大規模投資を要する事業では、たいがいは企業家自身が自分の軍隊に木造小屋その他を供給する。請負人は**」、請負人ってこの要するに鉄道建設業者、資本家だ。「**労働者を産業兵士としてのみならず、借家人として二重に搾取することができ、きわめて有利である**」。

派遣労働者で働いていると、アパートを用意してくれる。だけど家賃は取られるんだ。無料じゃない。だから働いて給料はもらえるんだけど、アパートの家賃が天引きされると、結果的に毎月の手取りが一〇万円ぐらいになっちゃったりして、生活するのがやっとということになってるわけ。その人たちは、派遣労働者としてそこで働くことによって搾取され、さらにそこの家賃を取られるという意味で二重に搾取されている。

どうですか。『資本論』は一九世紀の本だと思っていたら、「ああ、まさにいま起きてることだ」と思うでしょう。

少し前までの日本には、派遣労働者はいませんでした。工場への派遣労働は、法律で禁止されていたのです。それなりにみんな正式に採用しなければいけないから、ちゃんと住む場所もあったわけだ。軽歩兵なんていなかったわけだ。

それが、いわゆる新自由主義でもっと自由にしましょうっていうので派遣労働が解禁されて、また軽歩兵を生み出しちゃったわけ。それによってこんなことが起きちゃった。いまの日本はまるで一九世紀に戻ってしまったみたいだ。

一五〇年前の資本論をなぜいま読んでいるかの意味がわかったでしょうか。多分二〇年前の日本だったら、『資本論』を読んでもピンとこなかったかも知れません。いまだからこそ、意味がわかるのですね。

第15講

資本の独占が労働者の革命をもたらす

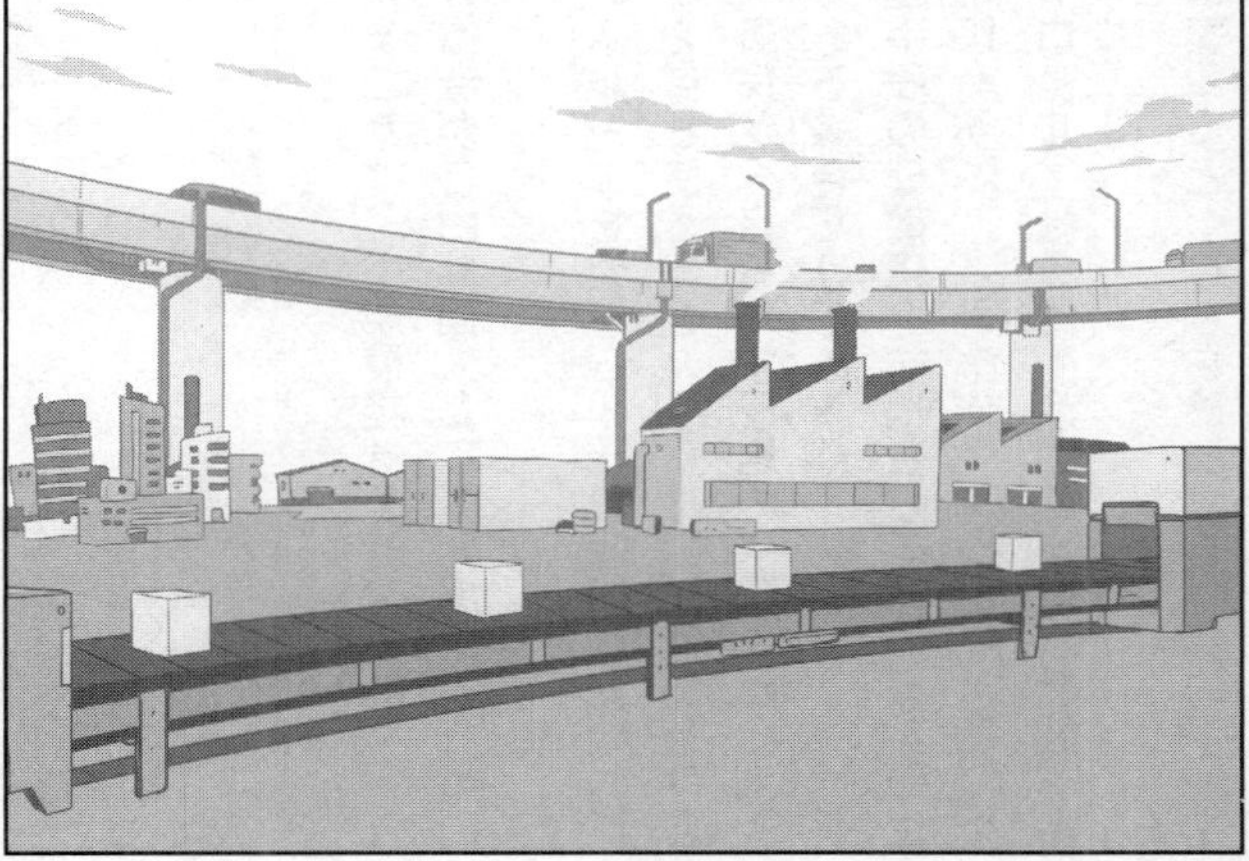

小規模経営から資本主義に発展した

労働者が自己の生産手段を私的に所有していることは、小規模経営の基礎であり、この小規模経営はまた、社会的生産が発展し、労働者が自由な個人として発展するための必然的条件である。（中略）

この生産様式が本当に栄え、そのすべてのエネルギーを発揮し、その適切な古典的形態を獲得するのは、労働者が、自分の労働条件を自ら使えるという意味で、労働条件の自由な私的所有者である場合にかぎる。つまり農民が、自ら耕す農地の、職人が名人として使いこなす彼の道具の自由な私的所有者である場合だけである。

この生産様式は、土地およびそれ以外の生産手段の分散化を前提としている。この生産様式では生産手段の集中がありえないのと同じように、協同作業、同じ生産過程のなかでの分業、自然に対する社会的支配やコントロール、社会的生産力の自由な発展もありえない。（中略）

実際にはこの生産様式は、ある程度の高さに達すると、自らを破壊する物質的手段を生み出すのである。そしてこの瞬間から、それまでこの生産様式を桎梏《しっこく》と感じる力や情熱が社会の胎内で動き出す。これまでの生産様式は破壊されねばならなくなり、実際に破壊される。この破壊、つまり個人がばらばらにもっていた生産手段が、社会的に集中された生産手段に変えられること、（中略）すなわち、多数の民衆の土地、そして生活手段と労働手段の収奪、民衆に対するこの恐るべきかつ困難な収奪こそは、資本の前史なのである。

最初のところは、資本経済になる前の封建社会の話です。昔は奴隷制度があったり、農奴という、自由な農家ではなくて、封建領主の下でまるで奴隷のように働き、生産した生産物の多くをそのまま領主に持っていかれるような農民たちがいる時代がありました。それが、農奴から、やがて自分たちのつくったものは自分たちで処分できるような自営農家が生まれてきて、やがてそれがまた発展して資本主義になっていくという、その始まりの話のことを、ここで触れています。

「労働者が自己の生産手段を私的に所有していることは、小規模経営の基礎であり、この小規模経営はまた、社会的生産が発展し、労働者が自由な個人として発展するための必然的条件である」

この場合の労働者が所有している自己の生産手段っていうのは、農業なら畑があって、畑を耕す道具を自分で持っていれば、小規模経営ができるし、それによってつくったものが自分のものになれば、みんな一生懸命働くから、生産が発展する。労働者が自由な個人として発展するためにこれは必要なんです。あるいはそれは農業だけじゃないよね。村の鍛冶屋さんでもいいんだけど、何かいろんなものをつくっている人は、つくる道具を全部自分で持っていて、つくったものはみんな自分で自由に売ることができてお金がもうけられるということになると、一生懸命働く。

「この生産様式が本当に栄え、そのすべてのエネルギーを発揮し、その適切な古典的形態を獲得するのは、労働者が、自分の労働条件を自ら使えるという意味で、労働条件の自由な私的所有者である場合にかぎる。つまり農民が、自ら耕す農地の、職人が名人として使いこなす彼の道具の自由な私的所有者である場合だけである」

歴史上こういう時代が来ると、みんな一生懸命働き、生産性が次第に高まっていきます。だけど**「この生産様式は、土地およびそれ以外の生産手段の分散化を前提としている」**。つまりみんな農家の人たちはそれぞれ自分の土地で働いているよね。みんなで一緒にやっているわけではない。あるいは職人さんがいろんな仕事するのも、職人がそれぞれ自分の家で仕事をしている。みんなが一緒になって仕事をしてるわけじゃない。みんな分散化されている。

「この生産様式では生産手段の集中がありえないのと同じように、協同作業、同じ生産

過程のなかでの分業、自然に対する社会的支配やコントロール、社会的生産力の自由な発展もありえない」

資本主義になって、工場でみんなが働くようになって初めて協同作業って呼ばれたわけでしょう。その前の段階ではみんなばらばらに仕事をしてるから、みんなで社会を動かしていくようなことにはならなかったっていうことなんだ。

「唯物史観」の見方

だけどこういう状態でもだんだん経済が発展してくると、

「実際にはこの生産様式は、ある程度の高さに達すると、自らを破壊する物質的手段を生み出すのである。そしてこの瞬間から、それまでこの生産様式を桎梏」、桎梏っていうのは邪魔なものって意味だ。

「この生産様式を桎梏と感じる力や情熱が社会の胎内で動き出す。これまでの生産様式は破壊されねばならなくなり、実際に破壊される。この破壊、つまり個人がばらばらにもっていた生産手段が、社会的に集中された生産手段に変えられること、（中略）すなわち、多数の民衆の土地、そして生活手段と労働手段の収奪、民衆に対するこの恐るべきかつ困難な収奪こそは、資本の前史なのである」

なんのこっちゃって思うかもしれないんですが、ここでマルクスのものの見方が出てきます。それを、「**唯物史観**」といいます。

「史観」というのは歴史のものの見方。それを「史観」といいます。そもそもこの世界はどうやって動いているのかという歴史の見方。それを「史観」といいます。「唯物史観」。マルクスの歴史のものの見方というのは、唯物論という考え方から出てきています。

この唯物論をもとにした歴史の見方、唯物史観のことを「史的唯物論」という言い方をすることもあります。それぞれの人は、置かれている立場によって、その人の意識が規定されているということです。

貧しい生活をずっとしている人たちにとっては、この世の中には格差社会がある、金持ちがいて、貧しい人たちがいるというものの見方をするようになる。

一方、お金持ちの家に生まれて、いつも生活に何不自由なく暮らしていると、「この世の中っていい世の中だ」と考える。「貧しい人がいるの？　パンを食べることができないの？　じゃあケーキを食べればいいのに」（フランス革命のときのマリー・アントワネットの言葉として伝えられているが本当は別人の言葉だったという）っていう発想が生まれてくる。

それぞれの置かれている条件によって、そういう発想をする人たちがいるという考え方。「存在が意識を規定する」という考え方です。それぞれの存在が、自分の考え方、ものの見方を規定する。もちろん例外はあるけれど、一般論として、存在が意識を規定するのです。だから恵まれた生活を送った人が総理大臣になると、庶民のことがよく理解できなかったりするわけだ。

唯物史観では、世の中を上部構造と下部構造という二階建てで考えます。下部構造は経済的な関係で、上部構造はそれに対する法律や思想です。

江戸時代は、武士が一番偉かったでしょう。士農工商なんていわれて、商人が一番下だった。だけど江戸時代の三〇〇年の間に、だんだん経済が発展してきて、商業が活発になっていく。商人たちが強い力を持ってくる。

江戸時代の三〇〇年間に、日本経済は大きく発展しました。発展したんだけど、上部構造である政治体制は、封建社会で武家社会で、武士の言うことは聞かなければいけないとか、江戸幕府の言うことは聞かなければいけないとか、制約が大きかった。

そうすると経済がある程度発展しても、それ以上発展しなくなるんだ。これ以上大きくなろうとしても、それを上から押さえ込まれちゃう。そんなことが続いていると、あるとき突然上部構造が爆破される。一気にひっくり返される。世の中はそうやって変わってきたんだっていうのが、唯物史観のものの見方。

たとえばイギリスで、自営業者ばかりでは、ある程度経済は豊かになるけど、それ以上にはならない。だけどあるとき、囲い込み運動というのがあったよね。農民たちの土地を全部取り上げて羊を飼い、羊毛によって繊維産業が発展していく。そうすると、そこにいる農民たちを全部追い出しちゃうわけだ。その農民たちが都会に出てきて、工場労働者になっていく。そうやって経済が大きく変化する。

羊を育て、毛を取って、羊毛で繊維産業で発展していくと、それまでの社会が大きく変化する。生産力がどんどん高まっていくと、それまでの経済のあり方が、そのままではやっていけなくなる。こういう見方、こういう考え方を「唯物史観」といいます。

資本主義体制が破壊される

生産力が拡大してくると、それまでの生産様式は破壊される。経済が発展したことによって、封建社会が破壊され、資本制社会、資本主義の経済になったんだ。となれば、その資本主義の下で経済がさらに発展すると何が起きるのか。それが、マルクスがこれから言おうとしていることなんです。

一人の資本家が存在するためには多くの資本家が虐殺されるのである。この集中、もしくは少数の資本家による多数の資本家の財産収奪と並行して、労働プロセスにおける協同作業の形態が、たえず進んだ段階へと発展していく。同時にまた、科学が意識的に技術へと応用されるようになり、地下資源が計画的に掘り出され、労働手段が協同での み利用できる形に変化し、協同の社会的労働の生産手段として利用されることによるあらゆる生産手段の経済化が進み、すべての民族が世界市場のネットワークに組み込まれ、それとともに資本制の国際的性格が発展する。巨大資本家はこうしてその数を減らしながら、この変容過程がもたらすいっさいの利益を奪い取り、独占していくのだが、それとともに巨大な貧困が、抑圧が、そして隷従と堕落と搾取が激しくなる。だがまた、資本制的生産過程のメカニズムを通じて訓練され、統合され、組織化され、増加する一方の労働者階級の憤激も激しくなる。資本の独占は、それとともに、今度はまたその下で花盛りとなった生産様式そのものを束縛しはじめる。生産手段の集中は、そして労働の社会化は、ついにその資本制的な被膜と合わなくなるところまでくる。そしてこの被膜は吹き飛ばされる。資本制的私的所有の終わりを告げる鐘が鳴る。収奪者たちの私有財産が剝奪される。

さあ、では、この後、何が起きるのか。

「一人の資本家が存在するためには多くの資本家が虐殺されるのである」

虐殺っていっても、文字通り殺されるわけではありません。多くの企業が、激しく競争するでしょう。金もうけのために競争する。そうすると誰かが勝って、誰かが負けるわけだ。激しい競争の中でたくさんあった会社が次第に減ってくる。多数の会社がばたばたとつぶれ、ある程度限られた大企業だけが残ってくる。それをこういう言い方をしています。

「この集中、もしくは少数の資本家による多数の資本家の財産収奪と並行して、労働プロセスにおける協同作業の形態が、たえず進んだ段階へと発展していく」

つまり昔は小さい会社がいっぱいあったわけだ。小さい資本家も大勢いた。でも競争していくうちに、つぶれる会社が出てくる。そうするとつぶれた会社の財産や何かを全部丸ごと他の会社がそれを引き受けちゃったりするよね。それが少数の資本家による多数の資本家の財産収奪です。

あるいは最近でいうと、M&Aだね。企業の吸収合併で、企業同士が合併したり、大きな会社が他の会社を吸収してしまったりっていうことが起きている。

いくつもの銀行が一緒になり、どんどん名前が変わった。伊勢丹と三越が一緒になった。西武とそごうが合併したら、今度はイトーヨーカドーが巨大になって、セブン&アイ・ホールディングスになり、西武とそごうの合併会社を子会社にしてしまった。

独占企業がそうやって出てくると、労働者たちも、何千人もが一緒に働くようになる。それがさっき言ったように「協同作業の形態が、たえず進んだ段階へと発展していく」、ということだ。

その結果「**同時にまた、科学が意識的に技術へと応用されるようになり**」、科学が意識的に技術に応用される。つまり新しい工場に新しい機械が導入される。新型機械が入ればそれだけ、生産性が向上して豊かになっていくわけだから。科学が意識的に技術へと応用されるようになり、そして「**地下資源が計画的に掘り出され**」、石炭や石油、天然ガスなどが計画的に掘り出され、「**労働手段が協同でのみ利用できる形に変化し**」、自動車を組み立てるベルトコンベヤーなんていうのは、一人ではできない。協同で初めて使えるでしょう。

だから、「**労働手段が協同でのみ利用できる形に変化し、協同の社会的労働の生産手段として利用されることによるあらゆる生産手段の経済化が進み、すべての民族が世界市場のネットワークに組み込まれ、それとともに資本制の国際的性格が発展する**」。

労働手段つまり工場や機械は、みんなで一緒でないと使えなくなる。「**すべての民族が世界市場のネットワークに組み込まれ**」、すごい、マルクスはいまから一五〇年前にこんなことを言ってるんだ。これつまりグローバル経済のことだよね。

中国も世界市場のネットワークに組み込まれたから、中国で安い製品をアメリカが輸入し、アメリカで製品が安く売れる。アメリカ人が世界中から商品を輸入するので、世界各地でアメリカ向けの生産が行われる。アフリカの人も、中東の人も、いつの間にか、世界経済のネットワークに組み込まれてたっていうわけだ。

「それとともに資本制の国際的性格が発展する」。つまり日本なら日本、イギリスならイギリスだけでやってるわけじゃなくて、世界中で仕事をするようになる。資本は、労働者をなるべく安く雇いたい。労働賃金を引き下げたいわけだから、日本の労働者の給料が上がってしまうとコストが上がり、国際的に太刀打ちできないから、給料の安い人たちがいる中国へ出て行く。これこそまさに国際的性格が発展するわけだ。

「巨大資本家はこうしてその数を減らしながら」、数を減らすってことはつまり、ごくわずかの資本家だけになるっていう意味。つまり独占が一段と進むってことだ。

「この変容過程がもたらすいっさいの利益を奪い取り、独占していく」。巨大資本家こそ、いろんな財産、利益を独占していく。その一方でこれまで見てきたように、そうやって一方で資本が蓄積されれば、そのもう片方には窮乏が蓄積されるって言ってたよね。

「それとともに巨大な貧困が、抑圧が、そして隷従と堕落と搾取が激しくなる」

格差社会が一層ひどくなっていく。

だけど、それだけではないとマルクスは言ってます。さっきも言ったように資本主義って悪いことばかりではない。それがそのあとに出てきます。

「だがまた、資本制的生産過程のメカニズムを通じて訓練され、統合され、組織化され、増加する一方の労働者階級の憤激も激しくなる」

多数の労働者が何千人もが働いていくと、そこでみんなで協同で物をつくっていく。

当然協同作業するわけだから、いろんなことが訓練されてくるわけだ。組織的に行動するってことができるようになってくる。そうした労働者階級の憤激も激しくなる。「何で俺たちばかりこんな思いをしているんだ。搾取は許されない」という労働者たちの労働組合運動も激しくなってくる。

「資本の独占は、それとともに、今度はまたその下で花盛りとなった生産様式そのものを束縛しはじめる」

生産性がどんどん上がり、労働者たちが組織されている。ところが一部の独占企業がそれを丸ごと押さえ込んでいるという状態になっている。生産力の発展が、妨げられるようになってくるわけだ。

下部構造が発展すると、上部構造はひっくり返されるというのが、マルクスの唯物史観。封建社会から資本主義になったように、資本主義もまたひっくり返される。

「その下で花盛りとなった生産様式そのものを束縛しはじめる。生産手段の集中は、そして労働の社会化は、ついにその資本制的な被膜」、カバーのこと、**「被膜と合わなくなるところまでくる」**。

つまり、生産手段が集中することによって、労働の社会化、労働者の憤激が高まっている。ついにはそれを押さえることができなくなってくる。

「最後の審判」が下る

「そしてこの被膜は吹き飛ばされる。資本制的私的所有の終わりを告げる鐘が鳴る。収奪者たちの私有財産が剝奪される」

つまり資本主義は終わる運命にあると言ってるわけ。資本主義が発展することによって、生産性が高まってきた。生産力が高まってくる。でもそれが一部の独占資本家だけに集中していると、経済は決してうまくいかなくなる。あるいはものすごく不満を持った、力を持った労働者たちが増えてくる。その労働者たちの不満が高まると、そこで革命が起こる。

これが社会主義革命なのだっていうのが、マルクスの言ってることなんだ。

最初のときに、マルクスというのはユダヤ人の家庭に生まれ、家庭はやがてキリスト教に改宗したという話をしました。彼は、ユダヤ教、あるいはキリスト教の思想を非常に色濃く受け継いでいるのです。ここの言い分などまさにそうです。

「資本制的私的所有の終わりを告げる鐘が鳴る。収奪者たちの私有財産が剝奪される」

これは、ユダヤ教やキリスト教における「最後の審判」という考え方です。この世界は、唯一の神様がつくり上げた。私たち人間の生前の行いというのは、常に神様が見ていて、やがてこの世界には終わりが来る。

世界の終わり、最後の審判の日が来る。そのとき天使がラッパを鳴らし、この世の終わりを告げる鐘が鳴る。すると、すべての人たちが生き返り、一人一人神の前に出て、最後の審判を受け、天国に行くか地獄に行くかが判断される。その最後の審判の日がやて来る。この思想は、イスラム教にも受け継がれています。

イスラム教でもまったく同じこと。生前よい行いをするか、悪い行いをするかによって、天国に行くか地獄に行くかということが決まる。やがて最後の審判の日が来る。資本主義の終わりを告げる鐘が鳴るっていうのが、まさにユダヤ、キリスト教的な発想なんです。

これまでの資本家の振る舞いに対して、最後に終わりを告げる鐘が鳴る。こうしてこれまでの世界は終わる。新しい世界が始まる。

これまで人生には辛いこと、悲しいことがたくさんあった。でも最後の審判の日が来て、その結果天国に行ければ、それから永遠に天国で幸せな日々を暮らすことができる。これがキリスト教的な発想なんだ。

いまのこの資本主義の社会は、辛いこと、苦しいことがあるけれども、やがてそれは終わりが来る。そうすればその後みんな天国に行ける。すばらしい世界が待っているっていう発想がここに出てくるわけ。

『資本論』やマルクスの考え方にはそういうユダヤ、キリスト教的な考え方がベースにあるということは、学生時代に読んでいてもわかりませんでした。その後、旧約聖書や新約聖書、コーランなどを読んだ上で、いまあらためて読んでみたら、「ああ、そういうことなんだ」と気づきました。

苦しい現世は終わりを告げる。資本主義が崩壊する。これからこそ、働く者にとっての天国がやってくるっていうところまでを示して、マルクスは死んだわけだ。

「地上の楽園」は幻だった

ところが、その後、ソ連や中国で資本主義がひっくり返り、社会主義を始めてみたら、どうもこの世の地上の天国にはならなかった。

北朝鮮も「地上の楽園」と宣伝していたけど、実際はとんでもない嘘《うそ》だった。

マルクスは、「やがて資本主義がだめになりますよ」っていうところまでは『資本論』で示したんだ。だけどそこまで。やがてこの資本主義がやっていけなくなりますとは言ったんだけど、その後どうする、どうすればいいかってことは何も言わないまま、死んでしまった。

『資本論』によって、マルクスは社会主義革命が必然だということを論理的に科学的に証明したんだって考えている人たちもいます。マルクス主義者、共産主義者という人たちは、これで科学的に証明されたと言っています。

その一方で、資本主義はひどいもので労働者が搾取される、ひどい、いまのような状態になるんだってことは明らかだ。それは確かにマルクスのおっしゃる通り。だけどだからといって、労働者たちが憤激して、この世の中をひっくり返すってことが、本当に必然的に起きると証明されているとは言えない、という考え方もある。

いかに労働者が搾取されているか、あるいは産業予備軍が生まれ、派遣社員が生まれてきてしまう、その経済的なメカニズムは見事に証明している。でも、だからといって、革命が起きるところまで、ちゃんと説得力ある証明になっているかどうかっていうと、これは人によって意見が分かれるところだ。

「社会主義革命、共産主義革命が必然なんだ」って思う人もいれば、「いや、いまの資本主義はだめだよってことは証明したけど、そこから先はいろいろな考え方があるでしょう」という人もいるわけだ。

また、それ以外にも、マルクスが示したように、資本主義社会は放っておくと、とんでもないことになるから、手直しをすればよくなるんじゃないかっていう考え方もあるわけだ。最初に話をしたように、日本の多くの大学の経済学部では、一時期ずっとみんなマルクス経済学を教えていたから、日本の官僚たち、いわゆるキャリア官僚、エリート官僚たちも、政治家も、財界の人たちの多くも、実はみんなマルクス経済学を勉強して、この世の中に出てきた。マルクス経済学を勉強したから、資本主義は放っておくとひどいことになるってことはみんなわかっていた。だからそれを何とかしよう、社会主義革命のようなことではなくて、労働者の権利を守るようないろんな法律の仕組みをつくったり、規制を整備したりして、労働者の権利を守っていけば、資本主義っていうのは決して悪いことばかりではないだろう。うまく人間が手直しをしていけば、「よくなるんじゃないの」というふうに考えた人たちもいたっていうことだ。

資本主義は、そのままにしておくと、いかにひどい状況をもたらすかということを、マルクスの『資本論』は見事に指し示している。

日本の戦後はそういうふうにならないようにと、いろんな規制をかけてきた。ところが新自由主義というのが出てきて、そんな規制をかけるから資本主義の発展には限界がある、そんなのやめてしまえばもっとよくなるからと規制をやめてみたら、ふと気がつけば、「一九世紀にマルクスが言ってたのと同じことがまた起きちゃった」っていうことがいまわかったということだ。

第16講

社会主義の失敗と資本主義

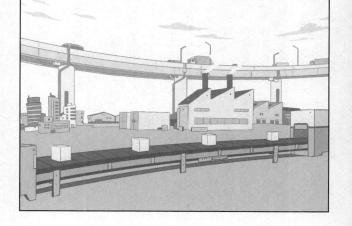

マルクスは高度な資本主義国で革命が起きると思っていた

これまで見てきたように、マルクスは資本主義が発展することによって、そこで働いている労働者が協業を通じ、組織化された活動を通じて鍛えられ、人間的に全面的に発展していき、その力でもって社会主義革命が起きると考えていたんだね。

だから労働者が高度な知性と教養を持ち、みんながお互い協力しあいながら世の中をつくっていこうという社会主義革命が起きて、それが成功するだろうと考えていた。

ところが実際に世界で革命が起きたのは、ロシアであり、中国だった。まだ労働者がほとんどいない、ほとんどがみんな農民。労働者がほとんどいないときに、一部のインテリが、一部の大学生たちがマルクスに共鳴して、革命を起こしてしまった。

どこにも組織された労働者はいなかった。社会全体をみんなで変えていこう、よくしていこうという労働者はいなかった。ごく一握りの革命家と呼ばれる人たちが、「ああしろこうしろ、言うこと聞かないやつは殺してしまえ」みたいなことをやったことによって、ソ連や中国もうまくいかなかった。

マルクスの想定でいえば、当時の先進資本主義国であるイギリスで革命が起きるはずだった。そうしたら、思いもよらないところで起きちゃった。だから失敗したっていう考え方もあるわけだ。だからロシアや中国じゃなくて、ヨーロッパで革命が起きていればこんなことにならなかったんじゃないかっていう人もいる。それに対しては、「いやそもそもそれは無理なんじゃないの」って考え方もあります。

一方資本主義の国の政府は、社会主義の国が次々にできてしまったことに危機感を持った。

資本主義社会で労働者が貧しくなっていくと、革命が起きるかもしれない。革命が起きないようにするには、どうしたらいいか。

あるいは一〇年に一回恐慌が起きて、失業者が増える。失業者が増えれば貧しい人たちが増え、不満が高まり革命が起きるかもしれない。だから恐慌が起きないようにしようとする。不景気が長く続かないようにすれば、失業者も減るし、そうすれば革命が起きないだろうって考えたわけだよね。

資本主義国家で改革が進んだ

多くの資本主義国が採用したのは、ケインズ経済学でした。イギリス人のジョン・メイナード・ケインズは、不況対策の経済学を提唱しました。

景気が悪くなるというのは、たくさんものをつくったわけだ。ものをつくったんだけど、売れなくなるから不況になるわけでしょう。売れないってことは買いたいって人がいないわけだ。需要が不足している。

資本主義は、放っておくと、資本家たちが勝手に売れるものをつくる。売れるともうかるから、大量に生産する。やがて需要以上に供給が増え、買う人がいなくなる。供給が過剰になり、需要が不足する。ものが売れない。景気が悪くなる。会社はつぶれる。失業者が増えるという状態になっている。

会社がばたばたとつぶれてしまうと、最後にわずかに残った会社が、残っていた需要を満たすようになり、やがて再びつくったものが売れるようになり、次第にまた景気がよくなるということを繰り返していました。

そこで、意図的に国が「有効需要」をつくり出してしまえばいいというふうに考えた。これがケインズの考え方です。

ものが売れない。だったら国が借金をして、赤字国債を発行して、公共事業をすることによって、商品に対する需要をつくり出し、景気をよくすればいいと考えました。

ケインズが出てくるまでは、国のお金は、集まったお金を使うだけでした。国が借金をするなんてことはとんでもないことだと考えられていたわけ。ケインズはそれをひっくり返して、金が足りないんだから借金すればいいじゃないか、国債を発行して、たくさん借金をして、それでたとえば道路をつくる、橋を架ける、トンネルを掘る。それに国がお金を使う。そうするとそのために労働者が雇われる。道路をつくったり、橋を架けたり、トンネルを掘るために、新たに働き口ができるでしょう。失業した人たちに新たな働き口ができる。それで建設業者が増えれば当然のことながら、道路をつくるためにはアスファルトが必要だ、橋を架けるためにはコンクリートが必要だと、コンクリートや鉄筋を注文するでしょう。つまりコンクリートやアスファルトや鉄筋などの需要が増えれば、そういうものをつくっている会社の製品も売れていくことで、景気がよくなっていく。

景気がよくなっていけば、もうかったうちの一部分は税金を納めるわけだから、その税収で借金を返せばいい。これがケインズの考え方でした。

資本主義諸国は、日本も含めて、この政策を採用しました。労働者の不満が高まらないように、労働者の権利を守る仕組みも整備しました。老後の不安を解消するために、年金制度もつくりました。失業してしまったら、失業保険（正式には雇用保険）をもらえるようにして、また働き口を探しましょうっていうことを一生懸命やってきた。それによって労働者があまりにひどい状態にはならなくて済んで、革命は起きないできました。

「大きな政府」ができてしまった

ところが、そうやって社会福祉にお金を使うと、どうしても国の借金が増えてしまいます。あるいは景気対策のためにも借金をします。景気がよくなると、税収が増えるから、その税金で借金を返せばいいんだけど、政策を決めるのは政治家たち。国会議員の先生たちは景気が悪いときには景気対策をやれ、もっと借金してでも道路をつくれ、公共事業をやれって言い出します。

ところが、景気がよくなってきたから借金を返しましょうっていうと、国会議員の先生たち、やっぱり抵抗するわけです。公共事業をして仕事があるんだから、やめてしまったら、工事の人たちの仕事がなくなるじゃないか、これからも続けろってことになる。

こうして借金は減らないまま。国が口を出す事業が増え、公務員の数は増えていく。いわゆる「大きな政府」ができてしまい、国の仕事は効率が悪くなってしまいました。

ヨーロッパでは、社会福祉が充実した結果、「働かないで国からの援助で生活していたほうが楽だ」という人が増えてきてしまったのです。

新自由主義が広がる

とりわけイギリスでは、福祉が充実する一方で、国の経済力が衰退してしまった。

そこで、仕事を失うと大変だという危機感を持たせたほうが人間は働くんだっていって、保守党の「鉄の女」と呼ばれたサッチャー首相が、労働者を守る規制を次々に撤廃した。これが「新自由主義」の考え方だ。

このときアメリカはレーガン大統領だったけれど、やっぱり同じ方針をとった。これによって、イギリスもアメリカも、経済が活性化した。

日本は当時中曽根首相で、同じようなことを考え、国鉄や電電公社、専売公社を民営化した。中曽根さんの考え方は、その後小泉首相が受け継いで、規制を減らし、社会保障への支出も減らしていった。

こうして新自由主義が広がり、日本では派遣労働が解禁された。

ふと気がつくと、「むき出しの資本主義は格差を拡大し、貧富の差を広げ、恐慌を引き起こすから改良しよう」とやってきたことがみんな失われ、マルクスが分析した一九世紀の資本主義に、かなり戻ってしまっていたのです。

結果的にマルクスが言ってたことと同じことに経済が戻っちゃったっていうことです。

難しいものですね。

ロシアのレーニンや中国の毛沢東《もうたくとう》、北朝鮮の金日成《キムイルソン》は、社会主義をめざしたけれど、大失敗に終わってしまった。その一方でそんなことにならないようにといって、ケインズのやり方を使ったヨーロッパの国々は、それなりに豊かな国になった。しかし、やりすぎてしまって、みんなが働かなくなったので、戻そうとしたら、戻しすぎちゃったっていうことなんだ。

人間というのは、試行錯誤を繰り返します。これからもそれは続くでしょう。

『資本論』から学ぶこと

マルクスは一九世紀、当時のイギリスの資本主義を分析し、世の中に警鐘を鳴らしました。むき出しの自由放任の資本主義が、労働者をいかに悲惨な状態に落とし込むかを示しました。

これに学び、マルクスが指し示した資本主義の未来にならないように、第二次世界大戦後、多くの国でさまざまな取り組みが行われてきました。

しかし、歴史に十分学ばないことによって、再び失敗を繰り返したのが、近年の金融不安（実際は恐慌）だと思います。

恐らく二〇年前や三〇年前に『資本論』を読んだら、「いまの世の中こうじゃないし、マルクスが言ってることは古臭いな」と思ったことでしょう。

ところがいま、急にまた『資本論』が読み直されるようになっています。

いまあらためて『資本論』を読み直すと、ここから学べることは、多いと思います。もちろん一五〇年前のことですから、歴史的な制約もあります。読んでみるとおかしなところももちろんある。この本は、聖書のような絶対不可侵の書物としてではなく、現代の視点で読むことで、学び直すことができるのだと思います。

それでも、一五〇年前に、これだけのことを言っていたのは、率直に「すげえなあ」と思ってしまいます。マルクスを再評価した上で、これからの経済政策や政治の方向を考えていくこと、それが現代の私たちの責任だと思うのです。

おわりに

「愚者は経験に学び、賢者は歴史に学ぶ」という言葉があります。愚者、愚かな者は自分の経験からしか学べない。でも、優れた人は、歴史から学ぶことができる。歴史というのは、「他人の経験」です。自分の経験ばかりでなく、他人の経験からも学ぶ。これが大事なのです。

マルクスは一五〇年前、自分の力で、当時の資本主義を分析しました。私たちは、そこから学びつつも、さらに現代の経済を、現代の経済学で分析し、処方箋を書いていかなければならないのだろうと思います。

ホーム社の木葉篤さんや、かつて「マルクス・ボーイ」だった長澤潔さんと雑談しているうちに、私がつい、「いまこそ『資本論』の内容をみんなに知ってもらう必要があるんですよねえ」と口走ったため、この本が出現することになりました。文庫化にあたっては今村優太さんに御世話になりました。

難解な『資本論』を、高校生にも理解できる解説にするため、単行本作成時にはホーム社の会議室に高校三年生や卒業生たちに集まってもらい、授業形式で解説したのをもとに、この本をまとめました。ホーム社の社長や出版部長まで授業に出席してくださいました。

講義では、数多く出版されている『資本論』の中から筑摩書房刊行の、マルクス・コレクションⅣ・Ⅴ『資本論　第一巻』（上・下）を使用しました。

また講義をまとめるにあたり、神奈川大学の的場昭弘教授と川村哲也准教授に専門家の立場から読んでいただき、貴重なアドバイスをいただきました。感謝しています。とはいえ、本書の内容に関する責任のすべては、著者である私にあります。

大学時代、読解に挫折した私ですが、この機会に、やっと『資本論』を読みこなすことができました。貴重なチャンスを与えてくださったみなさん、とりわけせっかくの春休みをつぶしてしまった高校生のみなさんに感謝です。

学生時代には、「『資本論』が読み進めないのは自分の力がないからだ」と思っていたのですが、いまになって読み直すと、単にマルクスがわかりやすい説明をしていなかったからだと思うようになりました。該博な知識の披瀝《ひれき》、華麗なレトリックの数々の文章は、いったい誰に読んでもらおうと思って書いたのでしょうか。

二〇一九年三月

ジャーナリスト　池上　彰

本書は、二〇〇九年六月、書き下ろし単行本として
ホーム社より刊行されたものに加筆しました。

本文デザイン／ｕｓｉ
写真／アフロ
図版／坂川事務所

池上彰の本

池上彰の講義の時間
高校生からわかるイスラム世界
イスラム世界が世界情勢を動かしつつある今、イスラム教を知ることが不可欠。起源や戒律から、絶えない紛争の理由、そして「イスラム国」。本当のイスラム世界を知るための必読書！

池上彰の講義の時間
高校生からわかる原子力
日本にはどうして原子力発電所が沢山あるの？いまさら人に聞けない基本の基本から、考えなくてはいけない未来のことまで、「原子力」の常識を知る必須本！

集英社文庫

集英社文庫

池上彰《いけがみあきら》の講義《こうぎ》の時間《じかん》 高校生《こうこうせい》からわかる「資本論《しほんろん》」

2019年5月25日 第1刷
2020年11月9日 第3刷

定価はカバーに表示してあります。

著 者 池上《いけがみ》 彰《あきら》

発行者 徳永 真

発行所 株式会社 集英社
東京都千代田区一ツ橋2-5-10 〒101-8050
電話 【編集部】03-3230-6095
【読者係】03-3230-6080
【販売部】03-3230-6393(書店専用)

印 刷 凸版印刷株式会社

製 本 凸版印刷株式会社

フォーマットデザイン アリヤマデザインストア マークデザイン 居山浩二

ISBN978-4-08-745879-4 C0195